文檔管理

張翊 著

學歷：國立中央大學經濟系肄業
美國郵政管理研究所研究
經歷：台灣郵政管理局副局長
郵政總局秘書、主任秘書
現職：郵政研究所所長

三民書局印行

© 文檔管理

著者 張翊
發行人 劉振强
出版者 三民書局股份有限公司
印刷所 三民書局股份有限公司
地址／臺北市重慶南路一段六十一號
郵撥／○○○九九九八－五號
初版 中華民國七十一年八月
四版 中華民國八十一年五月
編號 S 02001
基本定價 貳元貳角貳分
行政院新聞局登記證局版臺業字第○二○○號
著作權執照臺內著字第一八九九六○號

ISBN 957-14-0270-2（平裝）

劉序

文檔管理是機關管理中重要的一環，作者在本書裏說：「一個機關的文書是否處理得迅速有效，檔案是否管理得有條不紊，足以影響這一機關的辦事效率，乃至反映這一機關的辦事效率。」這真是從經驗中體會出來的至理名言。許多機關的文檔是否處理得當，姑置不論。文書一經歸檔，幾成消失的代名詞，永久不加過問。縱有欲事檢閱的，因為放置凌亂，事實上已無法檢閱。曾憶某一機關因響應上峯的革新號召，一時新猷迭起，但不旋踵又歸消滅，因為這些都是早經試辦而失敗過的，名為新猷，實蹈舊轍，這就是不知管理文檔和利用文檔的顯著缺失。

坊間對于文書的寫作和檔案的管理，雖也有述作，但多不夠完整。言文書者不及檔案，言檔案者不及文書，少有作一序列的整體敘述的。本書作者張幼愚兄，服務郵政數十餘載，從事秘書及主任秘書工作多年，就本身經驗所得，將文檔並舉，著為是書。就整個文書檔案一序列的作業，自最初之製作、收、發，以至最後之裝訂、保存，逐一說明，言簡而賅。從每一階段理論上利弊所在，以迄實務上如何着手，都交代清楚。甚至以最新方式，用電腦處理文檔，亦有所說明，真是一部文檔管理一貫作業的現代指針。

文檔管理不僅是機關管理的一環，同樣的是企業管理的一環。現在，政府正從事機關改革，機關中的文檔管理固屬重要，而目前我國工商業正在起飛，一般企業界的文檔管理，亦復同樣重要。本書于此時問世，對今後整個經建工作，亦不無一助，用綴數語，樂為之介。

江蘇劉承漢寫於台北寄廬。時年八十有二。

自序

文書與檔案之管理，為各機關及企業機構所不可或缺。然而：「習焉不察」，審其重要從而研究以求改進者，殆不多覯。機關檔卷，其能整理有序，一索卽得者，亦正為懸的以赴之目標。而國家檔案之永久保存，以為歷史之見證，登高自卑，行遠自邇，亦正賴文檔之管理，以為其基礎，始克有濟。

筆者自三十七年歲暮播遷來臺，未幾，卽奉派擔任服務機關之文書工作，其後又改任秘書工作，先後將二十年，幾及服務公職年限之半。其餘時間，雖職務有調動，亦無日不與公文為伍，與文檔工作，可謂結不解緣。

民國六十五年，適為我國郵政創立八十週年，郵政事業因有編印八十週年叢書之舉，以為紀念。筆者曾就郵政文書八十年來之沿革，撰為：「郵政文書管理」一書。郵政為一國營事業，郵政文書之沿革，亦卽一般文書沿革之縮影，此可謂為我國文書改進之縱的敘述。當時卽擬再就橫的剖析，作一比較，惟以公私栗碌，荏苒蹉跎，茲編之成，所以了此心願。

文書與檔案，實為二而一，而為一整體者。今日之文書，卽為明日之檔案；而今日之檔案，亦卽昨日之文書。故本書將文檔並述，一以求完整，一亦事理所必然，並易于瞭解。

一般言檔案管理者，多與圖書管理同觀，實則檔案與圖書，先天上卽已迥異，方法上自多不同。其勉屬相侔者，不過分類、參見等部分原則之應用而已，此吾人所不可不察者。

本書理論與實務並重，並儘量採用比較之方法，就文檔管理全般作業，作一系列之研討。全書篇幅不多，蓋亦本文書尚簡潔之意，但求言簡意賅，不求多所鋪敘，以節讀者時間。

筆者在撰述本書之初，曾至文檔管理著有成效之若干機關實地觀摩，以資借鏡。本書第十九章關于電腦化部分，曾承祝基楷、鄭征男二兄審閱一過。書成後承劉澄瀚先生樂為之序，三民書局並為刊行，在執筆時，內子亦多予協助，使免于家務之勞，得有時間握管。在此特一併致謝。

張翊

七一、四、、十五於臺北

文檔管理 目次

壹、緒　論

文檔管理是機關管理（OFFICE MANAGEMENT）的一部門，文指文書，檔指檔案。一個機關，除了其本身專屬的業務外，需要管理的項目甚多，文檔管理，是其中不可或缺的一環。

一、文　書

人類彼此表達思想、溝通意見、交流情感所使用的主要工具有二：一是語言，一是文字。書信往還，就是人與人之間，藉文字來彼此表達、溝通、交流最常用的方式。私人如此，機關亦然。機關與機關之間，以及機關與公衆之間，甚至機關內部各單位間的溝通、聯繫，最常用的工具，就是書信。不過這種書信，與私人之間的書信，稍有不同，必須要依照一定的格式、一定的撰寫方式來製作，同時還要使用一定的名稱而已。

因此，要囘答甚麽是文書這一問題，我們不妨簡略地說：文書，就是機關所使用的書信。

文書，又稱：公文書；簡稱：公文。

刑法第十條第三項：「稱公文書者，謂公務員職務上製作之文書。」依照這項規定，公文書至少要符合下列兩個條件：㈠是公務員所製作。㈡是因其職務而製作。由于這兩個條件的限制，使這裏所謂的「公文書」，其範圍比較狹窄。

上面所說，是刑法上所指的「公文書」。公文程式條例中對「公文」的含義，也有規定。**公文程式條例第一條說：「稱公文者，謂處理公務之文書。其程式，除法律別有規定外，依本條例之規定辦理。」**因此：公文，從其內容方面來說，應限於公務的處理。從其形式方面來說：應與公文程**式條例中**所規定的程式相符合。凡具備這兩個條件的文件，都可稱之爲：「公文」。

我們如將刑法所稱之「公文書」與公文程式條例所稱之「公文」作一比較，便可知後者的含義，實遠較廣泛，卽使是老百姓寫給某一機關的書信，祇要是內容和公務有關，依照規定的格式書寫，都屬「公文」的範圍。

以上刑法和公文程式條例的規定，自是指政府機關的公文而言。其實：一般民間機構，包括規模較大的公司行號，其處理業務的書信，自也可列在文書的範圍之內，其管理和製作，無論原則上和技術上，也都大體相同，**可以通用**。

二、檔　案

檔案，是文書的累積。我們可以說：檔案是文書的下游作業，而文書則是檔案的上游作業。

文書和檔案，前者是機關處理公務、表達或溝通有關公務處理意見的工具，後者則是已處理完畢，尙待或業已結案的文書。因此，也可以說：前者是一個機關的目前公務處理的紀錄，而後者則是一個機關的過去公務處理的紀錄。

依照行政院秘書處六十二年六月訂頒的：「行政機關公文處理手册」的規定，檔案可區分如下：

㈠臨時檔案：指尙未結案，待繼續辦理的案卷。

㈡中期檔案：指經已結案，列有保管年限，且具有案例價值者。

㈢永久檔案：指中期檔案經整理後，其具有永久保存價值者。

依此，則在辦理中，即尙未結案之文卷，亦屬檔案之範疇。

但事實上各機關對檔案一詞，其實際實用範圍，多有不同，大抵依其管理上之便利而定。民國六十五年元月十二日公布之行政院檔案管理辦法，其第四條規定：未歸檔前之公文稱案件。經歸檔後整理編訂之檔案稱案卷。而歸檔一語，則指將辦畢之案件送交檔案科編管之謂。依此：案件應指未辦畢之公文，而案卷則指已辦畢歸檔並經整理之文卷，至于檔案，應指歸檔後各項公文之總稱，包括案卷在內。

國防部對文檔管理，甚具規模，亦有成效，其對文檔之區分，略如左述：

文卷：指未結案件，但已完成文書處理，辦畢歸卷者。

案卷：指已結案件，但仍具行政時效者。

一般案卷：結案屆滿六個月以上未再續辦之文卷。

中心案卷：核定保存二十年以上，結案屆滿二年之一般案卷。

檔案：指核定永久保存，已消失行政時效，但具有研究價值或史績與法律信證價值之案卷。各機關對檔案一詞，其適用範圍，各有差異，從以上舉例，可見一斑。

此外：有幾個常用、意義相近，但並不完全相同的幾個用語，茲列擧如下：

其一是：「文件」。文件的範圍，較公文爲廣，公文依公文程式條例的規定，指：令、呈、咨、函、公告、其他公文等六種。文件則泛指與公務有關的一切書寫的東西，例如各項表報，亦屬文件之一。

自電子計算機被使用于處理各項資料以來，人類文明，已邁入一新的世紀，電子處理所使用之磁帶、磁碟等，亦爲紀錄各項資料之工具，此種紀錄，雖非屬狹義之「書寫」，似亦可列爲廣義的文件。

其二是「文卷」。和處理某一事項有關的若干文件，依照在此一事項處理過程中發展的順序疊放一起，因而形成處理這一事項的一序列文件，稱爲「文卷」。文件稱「件」，如一件文件，兩件文件。文卷則稱「宗」，如一宗文卷，二宗文卷等，或稱：關于某某案的「卷宗」。

關于某一案件的文卷，稱爲「案卷」。有的機關，如上所述，將尙未結案之文卷稱爲文卷，而將結案未久之文卷稱爲案卷，結案已久、須繼續保存者，則稱之爲檔案。

其三是「檔卷」。歸檔後的文卷稱爲檔卷。但亦可從廣義視爲檔案與文卷的合稱。

總之：檔案一詞，其適用範圍，雖各略有不同，但文檔並稱，則指整個文書及檔卷一序列之作業，自最初之收、發文以至最終之裝訂、保存，皆包括在內，極爲明顯。

貳、文檔的重要

從以上看來，我們知道：文檔是一個機關目前處理公務的一項工具，與過去各項活動的紀錄。我們絕不能說：辦理公務就是辦理公文，這是對於辦事效率極差的機關的一種譏諷。但公文是處理公務的一項應用的工具，一項不可或缺的工具，則無疑義。每一機關，各有其不同的任務：譬如郵局，它的任務是遞送郵件、滙寄款項、收存儲金等等。譬如鐵路局，它的任務是運送旅客和貨物。但這些業務，如何辦理，必須先訂定規章，予以發布。各級機構執行情形、業務成果，又必須隨時或定期陳報上級；上級對下級如有交辦事務，必須隨時通知；如下級有何缺失，又必須隨時加以指正；如有臨時發生的事故，更須立卽陳報，並卽予指示。凡此種種，均有賴以公文爲傳達，以公文爲表示，以公文爲溝通，因此：公文實爲處理公務不可或缺的重要工具。

當然，處理公務，並不以公文爲惟一的工具。我們可以面商，也可以電話洽談，但公文實是一項主要的工具，由此而形成的檔案，更可以存諸久遠，成爲日後查考的惟一依據，乃至是國家史料的重要來源。

我們不能說：一個機關的文書處理得好，檔案管理得好，就表示它的公務也處理得好，它的任務已經達成。但一個機關的文書是否處理得迅速有效，檔案是否管理得有條不紊，足以影響這一機關的辦事

叄、文檔的功用

從以上所說，我們可以歸納文書、檔案的功用如下：

㈠處理公務的工具：一個機關的文書和檔案，並非這一機關所要處理的公務之本身。換句話說，並非這一機關所負的任務，也不是它的職責。而是達成它的任務、完成它的職責所必須使用的工具。語曰：「工欲善其事，必先利其器。」故我們研究行政管理的，欲提高行政效率，提高各機關的辦事效率，則研究文檔管理，改進文檔管理，是須首先注意，首先使其犀利的！

㈡處理公務的紀錄：文檔不僅是處理公務的工具，也是處理公務的紀錄。如前所說：處理公務，雖不以公文爲惟一的工具，我們可以面商，也可以電話接洽。但口說無憑，有些事情，特別是具有時間性的事情，我們必須面商或電話洽商，以爭取時間。但重要事件，仍需紀錄下來，或補辦公文，才能有所憑信。故一個機關的文檔，可以說即是這個機關處理公務的紀錄，而且是完整的、原始的紀錄。由於它是完整的、原始的處理公務的紀錄，因而更衍生出下列幾項功用。

㈢公務查考：由於文檔是處理公務的紀錄，因此，如要知道某一機關某一事項的處理經過或處理情形，祇需翻閱其有關文檔卽可。也祇有查閱文檔，才是得以明瞭其處理實況的主要途徑。有時案件處理有偏差，要查明應由何人負責，也可由相關文檔上來判明。

「前事不忘，後事之師。」處理案件，往往要參閱前案，有時更要以往例為依歸、為準繩，作同樣處理，以期前後一致，而免分歧。故必須查考文檔，甚至將重要的予以摘錄，以便查閱。

㈣法律憑證：文檔是各機關處理公務的原始文件，故不僅具有紀錄的功用，也具有法律的效力。國父說：「政就是衆人的事，治就是管理，管理衆人的事，便是政治。」那麽：管理衆人之事的機關，就是各級政府和各級公務機關了！這些政府和機關的文檔，自然都和衆人的事有關，也往往牽涉到老百姓和整個國家的權、義。故就法律效力而言，文檔可說是最有力的憑證。至於司法機關的判決，立法機關的法案，外交機關的條約等等，其具有法律的效力，是更不待言了！

㈤史料來源：一個國家，其史料的來源，自不限於各級政府和機關的文檔，但文檔是一個國家史料的主要來源之一，應無疑義。由於文檔是處理公務的原始紀錄，故具有眞實性、權威性。是確實可靠的史料，屬於原始資料（Primary source）。我國近代史料中，此類資料甚多，如故宮博物院所藏軍機處檔案，如「道咸同光四朝奏議」（故宮博物院清代史料叢書），如「籌辦夷務始末」，如史學家蔣廷黻先生所編「近代中國外交史資料輯要」等等皆是。又如粱敬錞先生所著：「史廸威事件」一書，其中引用「大溪資料」者甚多，而「開羅會議」一書，則引用「國府檔案」者甚多，可見文檔在史料方面所具有之價值與重要性。

㈥研究資料：過去公務處理的案例，可為今後公務處理的準繩。過去公務處理的成敗，更可為今後公務處理的借鏡。故檔案是今後公務處理所必須參考和研究的對象。

再則：由於檔案是各機關過去公務處理的紀錄，範圍廣泛，故是多方面研究的良好資料。例如：外交方面的檔案，是國際關係的研究資料；而財政金融方面的檔案，又是經濟問題的研究資料。總之：一個國家的檔案，實爲一個國家的寶藏，必須加意保存、整理，以供作研究的對象。

肆、文檔管理原則

文書與檔案，對一個機關而言，其重要性及功用，已如前述。故對文檔管理工作，必須注意；對文檔管理的理論以及技術、實務，更應加以研究，加以探討，以求改進，而期至善。以充分發揮文檔的功效，完滿達成這一機關的任務和目標。

但一般言機關管理者，多以：人、財、物、事爲主，因之有：人事管理、財務管理、物料管理、事務管理等等，對于文檔管理，則多以爲是機關中例行的日常工作，未給予應有之注意，或則列爲事務管理之一分支，未予重視。因之，文書與檔案雖爲每一個機關所必需、所必有，但管理良好的，則並不多覯。

文檔管理，既爲機關管理重要之一環，欲求其良好完善，必須注意下列幾項原則：

㈠系統化：文檔管理是機關管理之一環，在一個機關的各項管理中，有其自有的功能和作用，以協助這一機關工作之進行，故在這一機關的組織系統中，有其一定的地位，而爲這個機關整個組織系統的一部分。

就一個機關中文檔管理單位本身言，組織方面應有一明確之系統，俾其各部門間職掌分明。在工作程序及內涵方面，亦應有一明確之規劃，俾工作之進行，井然有序，不致紊淆。

㈠制度化：文檔管理爲一個機關之經常性管理工作，故應有一一定之方法，明白規定，訂爲常規。不僅文檔工作人員，應遵照辦理，卽一般工作人員，凡涉及與文檔有關事務，均應一致遵守，使成爲一確立之制度。如此處理上方有一定之準繩，不致彼此歧異，或前後歧異，而致紊亂。

㈢科學化：科學化，一言以蔽之，卽有效率之謂。亦卽以最少之勞費，獲得最大之效果之謂。文檔管理，就其工作方法言：是否簡明確切，省事省時？就其處理程序言：是否密切啣接，不致脫節，或來回繞道？就其調卷檢閱言：是否易于稽查，一索卽得？就其工具設備言：是否妥適合用，不致浪費呆置，或簡陋不合？就其處理時間言：是否以最短之流程，獲得最迅速之時效？此皆在管理上應深入探求之點，以期以最少之人力與時間、最少之管理費用，獲致最大之效果、最高之效用。

㈣集中化：一個機關，除首長、副首長外，其下分設各部門，分掌不同之業務，是爲一級單位，例如各部、會之司、處。一級單位之下，有的復依其工作性質，分設較小之單位，稱爲二級單位，如司、處下之科。有的則更于其下，設置三級單位、四級單位等。

一個機關所收、發的公文，通常情形，自係以這一機關爲收文的對象和發文的主體。但次要公文或例行公文，依照機關本身的規定，亦有可由其一級單位，甚至二級單位以其自身名義，直接對外收、發公文的。此類以一級單位（或二級單位）名義收、發之公文及其檔卷，自應由一級單位（或二級單位）自行處理並保管。但前述之以這一機關爲收文者及發文者的公文及其檔卷，就一般言，可有兩種不同的處理方式：其一是由這一機關的文檔管理單位集中管理。其二是由各承辦單位自行管理，特別是檔案，卽分由各承辦單位自行保管。在此情形下，實際上也就是由承辦人自行保管。此種方法，對承辦人雖極爲便利，但遇有檢調查閱，甚不方便，且遇承辦人他調，幾度更易後，對于前任保管之案卷，甚至不知放置何處，無法查尋。再則案件由承辦人處理，文卷又由其保管，亦易滋流弊。

此種分散管理的方式，除了特殊情況（例如戰時）下，一個機關的各單位，必須分地辦公，不得不如此，以資配合外，在通常情形下，一個機關的文檔，應以集中管理爲宜，如此才能充分發揮管理的效用。

本書所述，亦係以集中管理爲基準。

伍、文檔管理要點

爲甚麽要有文檔管理？它的目的之一就是要檢閱方便，可以在極短時間內，找到你所要的某一件公文或某一宗案卷。一個文檔管理工作者，經常會接到他的長官或同僚的一通電話，要調閱某一文件，他們絕大多數不會記得這一文件的編號或日期，而祇是籠統地指出是有關某一事體的而已。這時要在衆多的文檔中，在一極短的時間內，找出他所要的文件，委實不是一件容易的事。因此往往使一個文檔管理工作者手足無所措。

有的機關甚至因公文延誤、失落，而致躭誤公務。

爲了避免這些情形的發生，必須使文檔管理得有秩序、有條不紊。這樣，不僅可使公文不致延誤、失落，且也易于查尋檢閱，一索卽得。

要達到這個目的，必須做到下列數點：

第一：在技術上要建立一個完善的文檔管理方法　文檔管理，簡單說來，就是把來往的信件收拾好。這在私人生活中說來，因數量不多，原是件極其簡單、不成問題的事。但在收發數量數十數百，甚至成千累萬的情形下，這就變成了一個甚爲複雜的問題。如何處理這一問題，這就不能不有賴於一套方法，有了一定的良好的方法，依照去做，才不致紊亂，才有秩序。

第二：要有足够的設備　工欲善其事，必先利其器。這是顛撲不破的眞理。要文檔管理得好，自要有足够的設備，除了必需的工具，如：打字機、油印機、影印機、切紙機、裝訂機……等等而外，自尙要有足够排放的櫃架，和足够放置這些櫃架的空間，而且要有適于放置文檔的環境，例如：地方乾燥、空氣流通等，使文檔不致於受濕受潮。

有的機關，半由經費困難，半由對文檔不甚重視，多將檔案室置于僻遠湫隘之處，如此而欲求文檔管理完善，戛戛乎其難矣！

第三：要有良好的管理人員　徒法不足以自行，有了良好的方法，良好的制度，還要有良好的工作人員，才能達到管理的目的。

所謂良好的工作人員，除了具有適當的素養，對文檔管理工作，最好要具有相當的認識與經驗，如此才能勝任愉快。

文檔管理工作，雖然卑之無甚高論，但畢竟也是一項具有相當專門性的工作，故必需要具有相當經驗的人擔任。對於新進人員，可先予短期訓練，使其對所任工作，先有一認識，如此自較易進入情況。

有的機關，以文檔單位爲容納其他單位編餘人員的尾閭，特別是檔案室，多認爲是養老之所，一入檔案室，卽被認爲業已「歸檔」，以這樣的觀念，而想將文檔管理工作做好，豈非「緣木而求魚」!?

第四：要有足够的工作人手　工作人手，自不能過多，以免閒置，但也不能太少，使工作無法負荷。那麽，怎樣才算是適當够用的呢？各機關的情形不同，所採用方法亦不同，不妨用統計方式各自調查，訂定一客觀的人手標準，例如每日收發文到達若干件可用一人等，如此則不會有浮濫與不足之弊，使工作可以順利進行。

符合了上述數點要求，則這一機關的文檔管理，自可臻于健全，發揮其應有的功效。

陸、公文的外貌

前面曾說過：公文，簡單地說：就是一個機關來往的書信。它和私人來往書信不同的地方，就是：㈠它有一定的形式，㈡它有一定的名稱，㈢它有一定的撰寫方式。現在分別說明如下：

一、公文的形式

公文是以正式的公文紙繕寫（打）。在製作階段，則是用公文稿紙，由承辦人撰擬文稿，而後送陳上級閱改、審核、判行，再謄寫（打）于公文紙上。

公文紙與公文稿紙之規定如下：

公文紙：卽繕寫（打）公文所使用的紙張，通常採用六十磅模造紙或打字紙印製，白紙印紅色字和紅色分欄，紙張大小爲八開對摺雙面或十六開單面（通常多爲單面），其欄別如下：

發文機關全銜：卽發文機關的名稱。

文別：卽公文的類別。

受文者：卽本公文發文的對象。

副本收受者：卽與本公文處理之案件其他有關方面，須以副本通知者。
發文日期：卽發文之年、月、日。
發文字號：卽本公文所編列之發文字號。
發文附件：卽隨本公文附送之件。
速別：表示本公文應按最速（急）件、速（急）件或普通件處理。
密等：表示本公文是密件抑普通件。如是密件，其密等之區分爲何（例如：極機密、機密或密）？
此外尙有：保存年限、檔號、批示、擬辦等四欄，係備收文機關使用者。
除以上各欄外，卽爲公文的正文了。

上列各項，是每一件公文都必須具備的，故將其劃爲專欄，列爲定制，以期簡單、明瞭而劃一。由于公文依規定有須用發文機關印信的與不須用印信的兩種，故公文紙的形式亦有二種如下：

(一)用印的公文紙格式

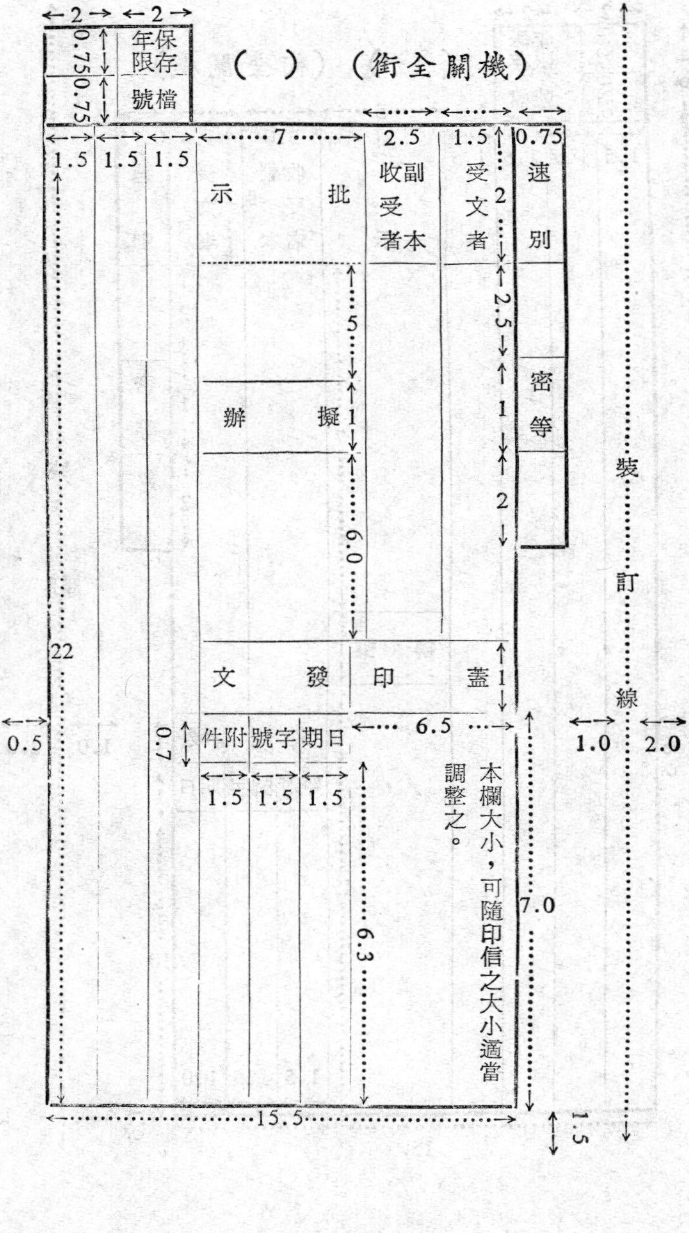
(　　)(機關全銜)
保存年限
檔號
速別
密等
副本收受者
受文者
批示
擬辦
蓋印
發文
日期
字號
附件
本欄大小，可隨印信之大小適當調整之。
裝訂線
2
2
0.75
0.75
1.5
1.5
1.5
7
2.5
1.5
0.75
2
2.5
1
2
5
1
6.0
22
0.5
0.7
6.5
1.0
2.0
1.5
1.5
1.5
6.3
7.0
15.5
1.5

㈡不用印的公文紙格式

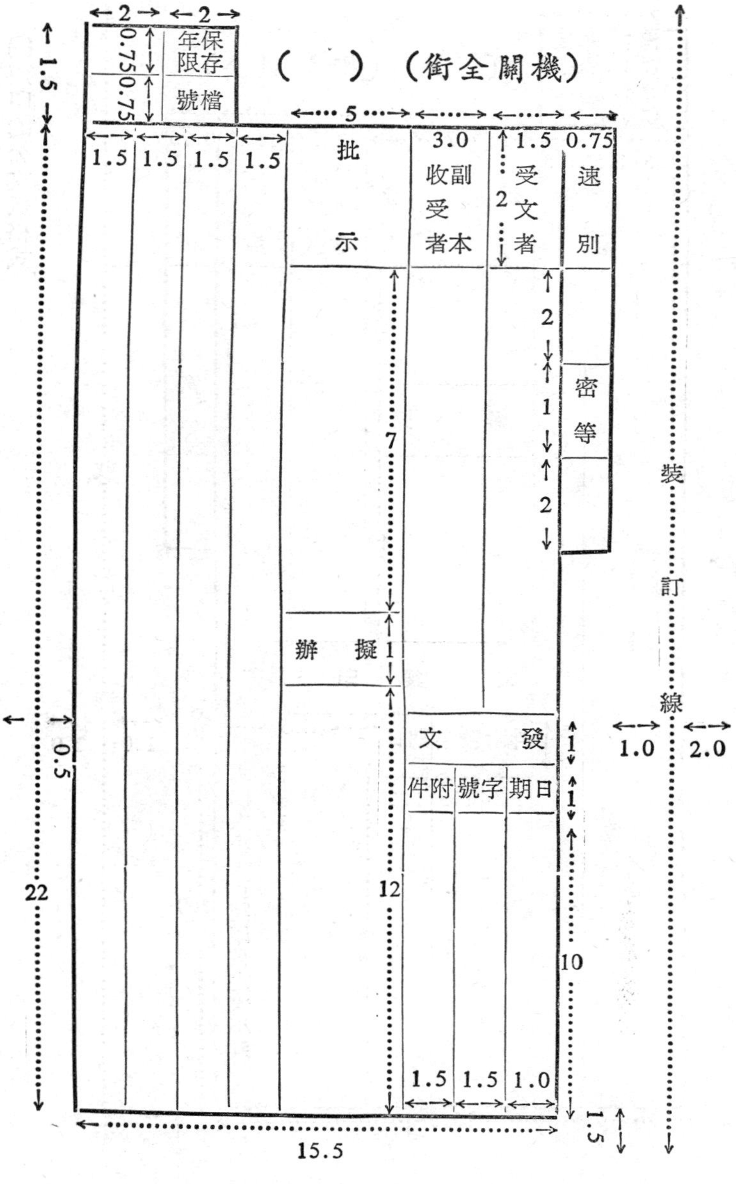

公文稿紙：公文稿紙用六十磅模造紙按八開白地紅色印製，摺疊成雙面使用。公文稿紙欄別除：發文機關全銜、文別、受文者、副本收受者、速別、密等、保存年限、檔號等欄和公文紙相同外，其他各欄如下：

決行層級：這一欄實際包括：承辦、審核及決行各欄，可由各機關依其組織層次自行訂定。一件公文稿由承辦人起草後，應送其主管審核，再就此一案件之重要性依該機關本身分層負責之規定，送請相關層次主管決行，而後繕發。

會稿：卽文稿由承辦人草擬並經承辦單位主管審核後，因案件與本機關其他單位有關，因在決行前先送其他有關單位會同審核或補充之意。

此外尙有：繕寫打字、校對、監印、收文年月日字號、發文年月日字號、附件各欄，備各階段經辦人于辦畢後塡明並簽署，以示各負其責。

公文有需二個以上機關會同辦理的，另有一種會銜公文稿紙，其上除前述各欄外，增加了會辦機關的承辦、審核、決行以及收文日期字號、發文日期字號等欄。

公文稿是公文在機關內部處理過程中的重要文件，是處理案件的最原始文件，也是文檔管理的基本文件，故須妥善保存，以備查考。

兩種公文稿紙的制式如下：

㈠一般公文稿紙

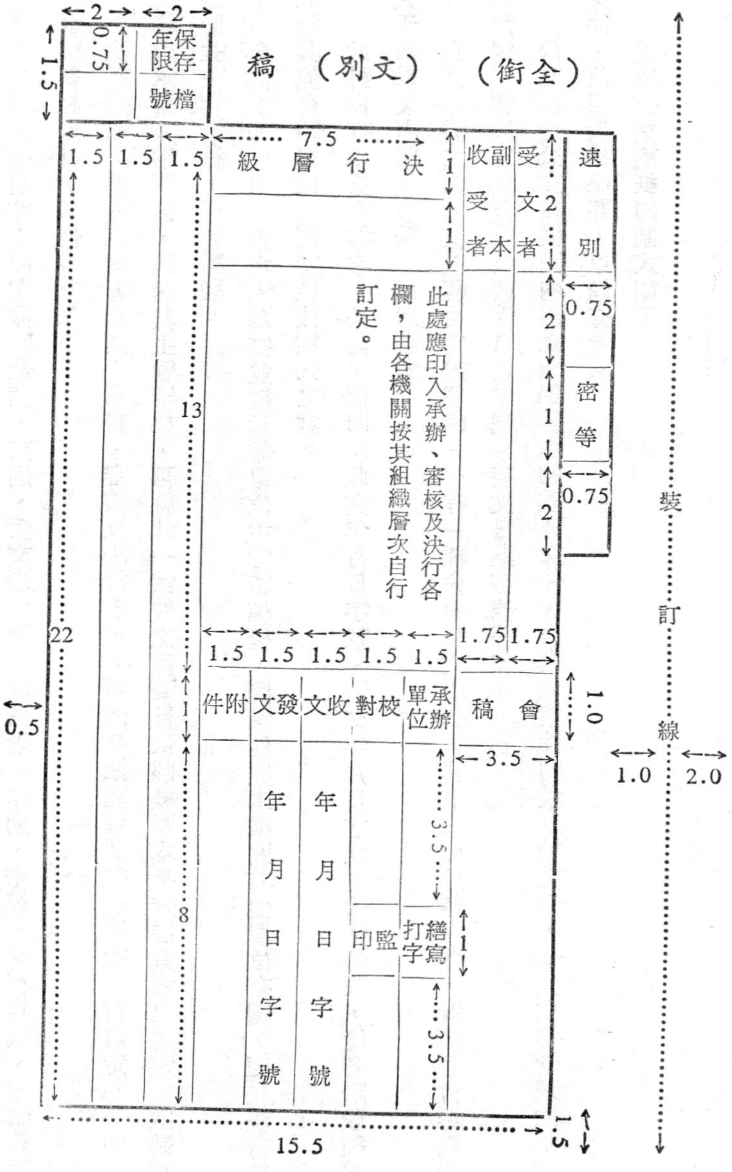
稿（別文）（銜全）
保存年限
檔號
決行層級
副本收受者
受文者
速別
密等
此處應印入承辦、審核及決行各欄，由各機關按其組織層次自行訂定。
附件
發文
收文
校對
承辦單位
會稿
年月日字號
年月日字號
監印
繕寫打字
裝訂線
2
0.75
1.5
1.5
7.5
1
1
2
0.75
2
1
0.75
2
13
22
1.75
1.75
1.0
0.5
3.5
3.5
3.5
8
1
1.0
2.0
15.5
1.5

㈠會銜公文稿紙

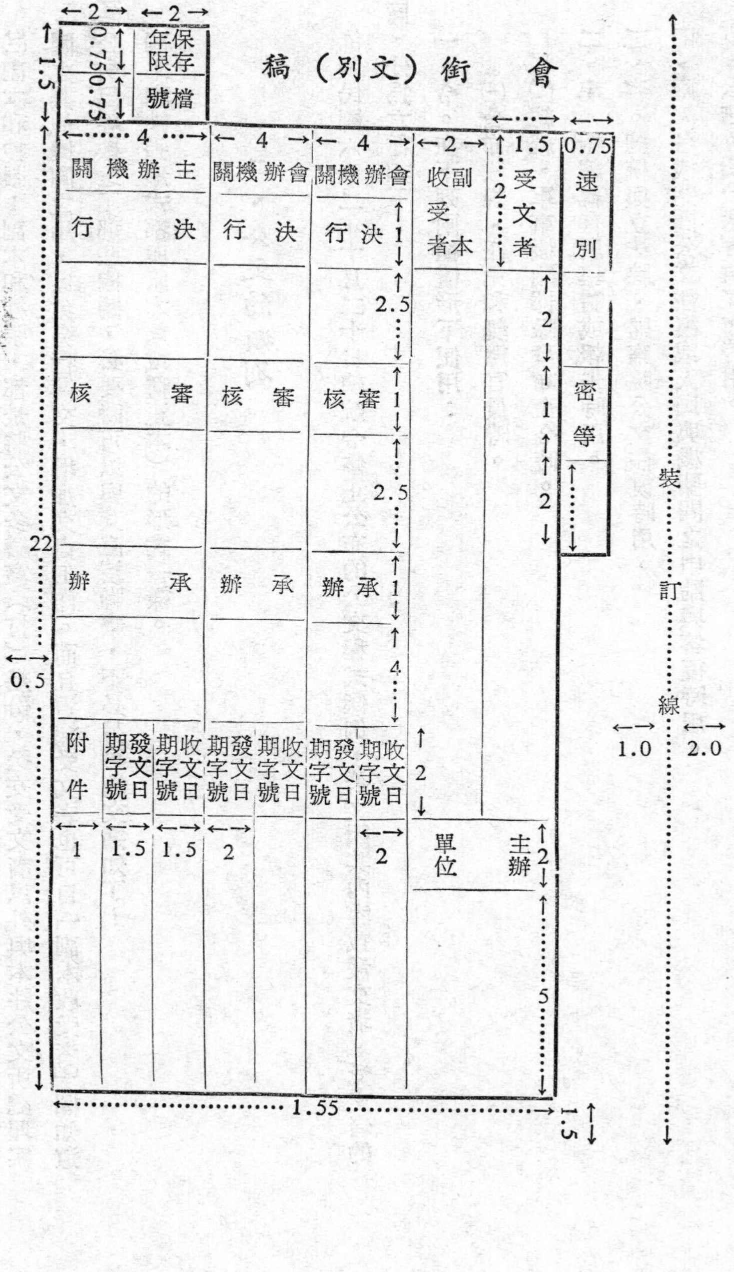
會銜（文別）稿
保存年限
檔號
速別
密等
受文者
副本收受者
主辦機關
會辦機關
決行
審核
承辦
附件
發文日期字號
收文日期字號
主辦單位
裝訂線
1.5
0.75
4
2
2.5
1
5
22
0.5
1.55
1.0
2.0

㈢副本和抄張：副本和抄張，都是將公文多繕寫（打）幾份，送交受文者以外與本件公文所處理案件有關之其他機關之用，以免另行備文，增加文書工作。而且這樣受文者也可自「副本收受者」欄知道這件公文已經抄送了那些機關，必要時可以與其直接聯繫，不必另再備文通知了！

副本和抄張形式都與原本（或稱正本）的形式一樣。

二、公文的類別

依照民國六十二年十月二十日總統令修正公布的公文程式條例，公文因其內容或發文者、受文者的不同，分爲六種如下：

一、令。在下列兩種情形下使用：

㈠公布法規、任免和獎懲官員時。

㈡總統、軍事機關部隊發布命令時。

二、呈。對總統有所呈請或報告時用。

三、咨。總統與立法院、監察院公文往復時用。

四、函。各機關間公文往復或人民與機關間之申請與答復時用。

五、公告。對公衆有所宣布時用。

六、其他公文。

上述第六種其他公文，依行政院秘書處民國六十二年六月訂頒之「行政機關公文處理手冊」，包括左列各項：

一、**書函**：在下列二種情形下使用：

㈠於公務未決階段，需要磋商、陳述及徵詢意見、協調或通報時使用。

㈡代替過去的便函、備忘錄及下級機關首長對上級機關首長的簽呈。

二、**表格化的公文**：包括簡便行文表、開會通知單、公務電話通話內容紀錄以及其他可用表格處理的公文等。

除了上述兩項外，著者以爲簽報上級之簽以及機關內部各單位間使用之便條等，應均可包括於其他公文之內。

三、公文的結構

爲了簡單、明瞭，以最經濟的方式，獲得意思表達上最大的效果，公文內容的書寫，有一定的方式。以最常用的「函」爲例，其結構分爲三部分如下：

一、「**主旨**」：以提綱挈領的方式，用最少的文字或語句，具體而扼要地，說明本件公文的內容、目的或期望。使人不必細看正文，即可一望而了解案情的概略。

二、「**說明**」：本部分是一件公文中最主要的部分，舉凡本案的發展情形、現況以及擬如何處理及其理由等等詳情，均可於本部分中予以說明。本部分之名稱，可視其內容改稱「經過」、「原因」或其他更恰當之名稱。惟現時各機關之公文，事實上以使用「說明」這個名稱最爲普遍。

三、「辦法」：對處理本案所提出的具體辦法，無法容納於「主旨」或「說明」內者，可在本部分詳予列舉。本部分之名稱，可視其內容改稱：「建議」、「請求」、「擬辦」或其他更恰當之名稱。惟實際上各機關公文多將本部分併入「說明」之內，與「主旨」形成一般公文結構上的二大部分。但如案情簡單，無加以說明之必要時，亦有僅有「主旨」，並無「說明」者。

各部分在名稱之下加冒號「：」，而後緊接於同行接寫文字。除「主旨」外，其他兩部分，如文字較多，內容較複雜時，應分項條列，另行起寫，項目條次使用之號次分層如下：

一、二、三、……㈠㈡㈢……1.2.3.……(1)(2)(3)……

如對方先有來文或我方已先有文去時，「說明」部分第一項應先引敘對方來文日期及文號或我方去文日期及文號，以利查考。而後自第二項起，分項接寫本案內容。

茲舉一實例如下：

〇〇總局函

受文者：〇〇〇〇管理局

主旨：實施單一俸後裁減之車輛不能汰換。

說明：

一、復貴局〇年〇月〇日第〇〇號函。

二、貴局實施單一俸待遇後，除留用之大交通車六輛外，另經裁減而留用之備車三輛，本局裁減大交通車移送貴局暫作備車一輛，均屬裁減之車輛，未便編列年度預算，報請汰舊換新。

局長　〇　〇

其他公文，除「呈」、「咨」兩種，一般機關，甚少用到，姑從略外，一般均與「函」大致相同，茲分述如下：

公告：採「主旨」、「依據」及「公告事項」（或「說明」）三段式，但可以一段或二段完成者，不必勉強湊成二段或三段，可用表格處理者儘量利用表格。

公告實例如下：

〇〇部公告

年　月　日
字第　號

主旨：公告民國〇年出生的役男應辦理身家調查。

依據：徵兵規則

公告事項：

一、民國〇年出生的男子，本年已屆徵兵及齡，依法應接受徵兵處理。

二、請該徵兵及齡男子或戶長依照戶籍所在地（鄉）（鎮）（區）（市）公所公告的時間、地點及手續，前往辦理申報登記。

部長　○○○

令：令的結構最簡單，可不分段。

令的實例如下：

○○部令　　年　月　日
　　　　　字第　　號

「商品檢驗發證辦法」修正為「商品報驗發證辦法」。並將「各種臨時檢驗通知書及憑證格式使用辦法」予以廢止。

附「商品報驗發證辦法」一份

部長　○○○

至於「書函」與「簽」，其結構與「函」相同，但亦有不分段，僅以：一、二、三、……等分項條列者。

柒、管理單位

一般機關，多將文書與檔案分由兩個單位管理，通常多屬二級單位，如以中央各部、會爲例，卽係於總務司之下，分設文書科與檔案科，分理其事。

文書科掌理本機關之收文工作及發文工作，稱爲總收發。本機關內各一級單位亦各設有收發，辦理本單位文件收發事宜，稱爲單位收發。其下各基層單位之收發則稱基層收發。

機關根據其自身內部授權之規定，依照分層負責之原則，其一級單位甚至二級單位，亦可對外行文，由之，自亦可受文，此種以單位名義之收發文，可由各單位自行辦理，不在總收、發文之列。

一件以本機關爲受文者之來文，經總收發收文，辦理收文登記後，卽依承辦單位予以分文，送往該單位收發，必要時再由單位收發依本單位組織分文，轉送基層收發，登送承辦人員。反之：發文則循相反方向辦理。詳細程序及手續，將於後續各章一一述及。

捌、作業的基本認識

對於文檔管理的實際作業，我們應先具有幾項基本認識如下：

一、一文一事和一卷一案

行政機關公文處理手冊規定：公文應以一文一事爲原則。由於一個機關所要處理的業務，至爲繁多，每一案件的情形，也不一樣，若一文敍述數事，必至夾纏不清，祇有一文一事，才能敍述清楚，尤其是易於檢閱。由一文一事，才能一卷一案，也惟有一卷一案，才能分類歸檔，分別存放，便於查閱，便於檢調。公文的一文一事，和文卷的一卷一案是相互配合的。

公文須按件予以登記，文卷則須按卷立案，兩者都是爲了便於查考。非屬同一案件的文件，不能混置一卷中。反之：同一案件之文件，則必須置於同一文卷中。而且文卷所包含的本案文件，應完整無缺。也就是說：關於處理這一案件的各項文件，都應完完整整，前後有序，一翻卽得。這樣才能使承辦人以及層層主管核閱時，可以根據完整有序的文卷，對全案一目了然，極爲方便，達到管理的目的。

二、集單件的公文組成完整的文卷

一件事很少可以一件公文辦畢的，通常總需與對方來往數個回合，也就是說：必須函件來往數次，才能辦結。有時還牽涉到多方面，必須和有關機關聯絡、接洽，則同一案件，必須與各有關機關函件往還，而後才能取得協調或一致，將事體，也卽是公務，辦得有一完滿的結果。因此：公文雖是以件爲單位，是一件、一件的，各別的，日期、文號各不相同。但一樁公務的處理，自最初以至結案（也就是辦畢），則是連續的、一貫的。我們必須將這些前後關聯的文件，放置一起，而且要依案情發展的先後，將各件公文依序叠放。這樣，才能從各件具有關聯性、連續性的公文中，明瞭這樁公務處理的經過。因此：公文雖是個別的、一件件的，但將同一案件之公文，依序叠放一起，則成爲一宗整體的、完全的、有聯貫性的文卷，我們就稱之爲：某某案的文卷或卷宗，或簡稱爲：某某案。而各件公文，則爲構成這宗文卷的文件。

如何使個別的、一件一件的公文，構成完整的、一宗一宗的文卷，並使其有秩序，便於檢閱，這就是文檔管理所要研討的一個課題。

三、順應案情的發展

公文依序疊放，成爲一宗文卷，必須順應案情的發展。其順序是將本案最初發生的公文，放置在這一疊文件的最下面，而後依照案情進展順序，也可以說就是依照文件產生日期的先後，將後續各件，一件一件地放在上面，日期早者在下，後者在上，依序疊放。如此一序列的文件，形成一宗文卷，有秩序而完整。閱讀時由下而上，從最初的一件公文，閱至最近，亦卽最上面的一件，如已結案，亦卽是最後的一件，如此，對於全案辦理詳情，卽可瞭然。故一個文卷的形成，卽係依照一案案情之發展而產生。而此一文卷內之各文件，自也必須依案情發展之先後疊放，才便於查閱，一目瞭然。

四、文卷的分與合

文卷須一卷一案，才便於檢閱，便於管理。

由於一個機關所要處理的各項事務，其性質各不相同，有的十分單純，有的則甚爲繁複。有的範圍甚小，有的則包羅廣泛。有的甚至在發展過程中，案情逐漸演變，演變的結果，與開始時截然不同，以致一案的前後階段，形成不同的案件，或甚至有一案發展爲數案者。類此情形，其相關文卷，必須配合案情之發展，作適當之處理。遇有案情複雜或內容包含廣泛的，可酌情於適當處予以分立，分爲數案。如此可使各個文卷，內容較爲單純，繁簡適度，不蔓不支，而又條理淸晰，完整有序，便於查閱。否則如仍合爲一案，必致內容龐雜，頭緒紛繁，不易閱讀。反之：遇有案情簡單的，也可數案合併爲一個文卷，以免增加卷帙，並可減省處理手續，簡化工作。

茲舉數則案例如下：

例一：某某郵區郵政管理局區內轄屬各地郵局近五百所，每年例須召集各地郵局局長及其他有關人員前來管理局，舉行業務檢討會，檢討一年來業務情況及得失，並策劃未來之發展。

本案（召開年度檢討會）某某管理局除內部預先之準備作業外，起始必有一通函至其轄區內各局，通知舉行檢討會日期及其他有關事項。此時立案案名，亦即相關卷宗名稱爲：召開某年度業務檢討會。

檢討會討論事項大致可分爲：業務、人事、財務、設備……等數類。

迨檢討會開會完畢，此時五百所郵局與管理局來往有關開會文件以及開會期間歷次紀錄等等，自必歸入本案案卷，使本案卷宗，卷帙已不少。

會議期間，上述各類提案甚多，須於會期後由管理局有關單位繼續處理，其已通過者，並須予實施。此時對本案後續案卷，可有二種不同之處理方式：一爲各項提案之實施，作爲本案之延續，視爲一案，併入同一卷宗，案名仍爲：召開某年度業務檢討會。一爲將原案作爲結束，而將各類提案執行之卷宗另立新案，依檔案門類分別歸入各類，各別立案，各依案情另立案名，但與原案相互參見。

由於本案原案卷卷帙已甚多，而提案之件數亦不少，且類別紛繁，若干提案之實施，必需相當時日，且相當繁複，權衡之下，似以將原案作爲結束，將各提案另立新案之方式，較爲適宜。

至於各個提案是否必須每一提案立爲一案，則可視提案內容，其較爲複雜者可各別立案；簡單而內容相近者，可數案合併立案，合爲一卷。

例如有一提案建議開辦限時專送郵件業務，由於此案之實施，必須深入研究其可行性如何，而後再詳加規劃，如何實施，並先訂規章，再經一段時間之試辦，視其成效如何，再正式施行。不僅牽涉甚多，且必需相當時日，卷帙繁多，自在意中。自須單獨另立新案，以期便利，新案之案名，可依其內容定爲：「創辦限時郵件」。

例二：各機關常有書刊或雜誌社來函推銷書刊，所推銷之書刊雖彼此不同，但同爲推銷書刊則一，且此事常有發生，而事極細微，如每一推銷之書刊均予立爲一案，將不勝其煩，亦無此必要，故可併列一案，將所有推銷各項書刊來往文件，併合一案，以期簡化。

例三：某年我國郵政派員赴某國參加一郵政國際會議，該員就便參觀該國郵政，發現其自動蓋銷郵票機甚爲合用，乃取得一架携回國內，建議我國郵政採用並倣製，於是交國內廠商倣製成功，並分發各地郵局使用，由於數量甚多且分散各地，爲便利修護並節省費用，郵局乃自辦修護班並舉辦修護訓練。本案最初爲派某員參加某國際會議案，其後演變爲倣製自動蓋銷郵票機案，其後又演變爲舉辦自動蓋銷郵票機修護訓練案。相關案卷，如依此分爲三案，當較易於檢查。如全部併列最初之派某員參加某國際會議一案，則不僅卷帙浩繁，且以其後內容已與最初之案名不符，將不易檢閱。

五、參　見

參見就是在相互有關的各案上註明關係各案的檔號（何爲檔號見後章），以便彼此可以相互查考。例如：甲、乙、丙三案互有關連，甲案上可加註乙、丙兩案檔號，乙案可加註甲、丙兩案檔號，丙案亦可加註甲、乙兩案檔號。如此可便利相互查閱，不致遺漏。

前舉案例中，有因案情複雜，一案分立數案的；也有因案情演變，須續另立新案的。均可於關係各案上，相互註明參見對方檔號。如此雖然一案經分立數案或另立新案，仍可彼此聯繫，不致脫節或遺漏。

玖、收發文之登記

公文管理之實際工作，自收、發文之登記開始。收、發文之登記，亦爲文檔管理工作之起點。機關每日所收到的公文，以及所發出的公文，都必須一一予以登記，並一一予以編號，以備查考。

一、收發文方式

各機關所使用之收、發文方法，多隨機關組織之大小，而有所不同，約可大別分爲下述三種：

㈠簿冊式：即使用收文簿與發文簿來登記一個機關的收文和發文。

收文簿可分下列各欄：1.收文（即總收文）編號，2.收文日期，3.來文機關（或發文者），4.來文日期，5.來文文號，6.事由，7.備考。

收文簿格式如下：

收文簿

收文日期	收文編號	來文機關	來文日期	來文文號	事由	備考

發文簿可分下列數欄：1.發文編號，2.發文日期，3.受文者，4.事由，5.備考。
發文簿格式如下：

發文簿

發文日期	發文編號	受文者	事由	備考

遇有與本機關來往文件較多之機關，亦可設立專簿，加編專號，如此查考上可較便利，且由此所編之發文專號亦爲連續之號碼，如遇文件寄遞途中遺失，對方可自缺號中立即查悉。

專用發文簿格式如下：

發文簿

受文者：

發文日期	發文總號	發文專號	事由	備考

但在組織較大、層次較多之機關，其進口之收文，自總收發至承辦人，其間須經過不同單位與不同層次之收發（例如前述之單位收發與基層收發），採用本方式收文，在內部傳遞之過程中，每一收、發之文件，必須逐一登送件簿送請對方簽收，對方簽收後，又必須登入其本身之收、發文簿備查，如此重複的登送、簽收、登記，甚費人力與時間。

又在文件繕發後，由收發單位移送檔卷單位時，亦必須將收文或經繕發之文稿一一再行登送件簿送管卷人員簽收，而管卷人員又勢必須將收到待歸卷之公文或文稿立簿登記，以備查考。凡此登送、登記之工作，甚爲繁複。

爲期簡化，以節人力與時間，收、發文簿，有的機關，因改採下列兩種方式處理：

(一)活頁式：卽將收文簿與發文簿改用活頁形式，將當日所用收、發文簿之活頁，複寫一式二份，除所收公文，隨時分送主辦單位辦理外，複寫之收文簿活頁二份，則以一份留存本收發單位備查，其作用與固定之收文簿相同，一份則送檔卷單位，備以後塡寫檔號，與收文號作相互參見之用。

複寫之發文簿活頁二份，亦以一份留存收發單位備查，抵作固定之發文簿，一份則連同當日發文之原稿，一併送檔卷單位處理，備塡寫檔號，與發文號相互參見。

爲備塡寫檔號用，活頁收、發文簿上，均須增設「檔號」一欄。

此種方式，對收發單位言，不必將各文稿逐件登送件簿送請檔卷單位簽收，而係作爲相關活頁發文簿之附件，隨同該活頁一次登送卽可。對檔卷單位言，亦可利用該活頁，作爲其本身之登記簿，無需將收到之各文稿，再予登記。對這兩個單位，都可簡化工作，節省人力不少。

㈢**聯單式**：有的機關，將收文簿取消，改採聯單形式；有的機關，甚至將發文簿亦一併取消，合用收文之聯單，卽以之代替發文簿。

使用幾聯的聯單，則因方法的不同，實際需要的不同，各機關彼此亦有差異。有的使用三聯，有的四聯，有的五聯。

玆以五聯爲例，收到來文時，卽由總收發編列總收文號，每一來文，塡寫五聯單一份，附同收文，送承辦單位于其中一聯上簽收，退由總收發留存，抵作總收文簿用。其餘四聯，由承辦單位之單位收發留存一聯，抵作單位收文簿用。以其餘三聯送基層收發，以其中一聯隨文轉承辦人簽收後存基層收發，抵作基層收文簿用。其他二聯，亦暫存基層收發處，俟承辦人辦妥復文稿，卽由基層收發取出此二聯，隨復文稿陳判、送繕，俟發文後由收發單位以一聯附發文抄張退承辦單位轉承辦人存查，一聯則附發文稿送檔卷單位立案或歸卷。

此種方式，各聯可：㈠代替總收文簿，㈡代替單位收文簿，㈢代替基層收文簿，㈣省却各單位及各層次間轉送時之文件登送工作，㈤便利發文後的退稿工作，㈥亦可代替發文簿。所有上述各項，皆可以聯單一次完成，節省人力、時間不少，較之活頁式，更適用於組織較大、層次較多之機關。

收發文聯單格式如下（此爲甲聯，其他各聯，形式相同。亦可視實際需要酌予變動，各聯可用不同顏色紙印製，以利區別）：

（甲）　收發文登記表

總收（發）	文號	事由		併案文號
	日期			
單位收（發）	文號	副本	附件	最速件　速件
	日期			
來文者（受）		來文　年　月　日		號
登記桌		查詢日期　／　／		備考
承辦單位	承辦人	承辦人簽名　時間　／　／	待辦日期　／　／	正本：　副本：
日期	送繕 發文 存查	處理內容		

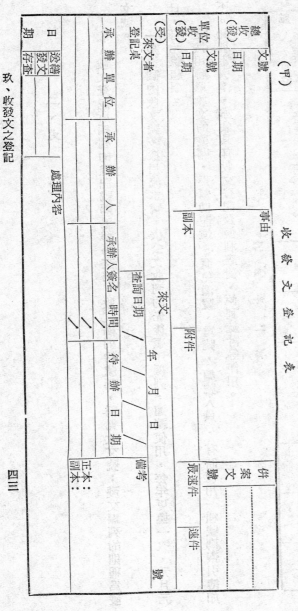

二、文號

收、發文登記所編列的登記號碼，稱爲文號。收文編列的號碼，稱爲收文號；發文編列的則稱爲發文號。

一般機關的收文號多採用流水號，依公文收到的先後順序編列，連續使用，每年更換一次，元月元日，自元號起編。

在採用聯單收文的機關，爲幫助記憶，而免漏號、重號，編號人員，有時使用一種號碼索引簿如下。此種索引簿，亦兼具有收文登記及便利查對、便利統計等作用。

號碼索引簿

編號 萬	千	百	十	個位 0	1	2	3	4	5	6	7	8	9
			0	/ /	/ /	/ /	/ /	/ /	/ /	/ /	/ /	/ /	/ /
			1	/ /	/ /	/ /	/ /	/ /	/ /	/ /	/ /	/ /	/ /
			8	/ /	/ /	/ /	/ /	/ /	/ /	/ /	/ /	/ /	/ /
			9	/ /	/ /	/ /	/ /	/ /	/ /	/ /	/ /	/ /	/ /

上述索引簿，橫、直每行各十個號碼，每面連零在內共一百號，第一面第一橫行自零至九，第二橫行自十至十九，其餘可類推。第二面則爲一〇〇至一九九，其餘各面類推。

每一格代表一個號碼，並備登記一件收文，格之中央上方備登記來文節目，下方備登記承辦單位，左邊斜線登記收到月、日，右邊備登記相關復文之發文月、日，其形式如下：

	〇〇局71.4.5	
6/4	來文#74512	14/4
	送〇〇處	

發文方面，亦係按流水順序編列發文號（對發往公文較多之機關，亦有另再加編專號的）。多數機關，並於發文號碼之上，冠以文字及年份，例如：民國七十年交通部郵電司承辦之發文，編爲：交郵（七〇）字第〇〇〇號。

但亦有機關發文不另編發文號，而卽以收文號作復文之發文號者。如係創稿，並非答復來文者，則臨時自收文處取一卽將用到之收文號作爲此一創稿之發文號，此時上述號碼索引簿相關格中卽無來文節目，而代以「創」字，以示區別。故採用此法者，係將收、發文號合併，並自同一個序列的流水號碼中取用。

另有一種方式，卽收文與發文均不編列流水號，而以編列檔案之檔號及件號作爲收文號與發文號，在此一方式下，文號卽檔號（包括件號），文號本身，因而省却，詳見下章。

三、總收文號與單位收文號

由總收發所編之收文號爲總收文號，以本機關爲受文者之公文，必須經總收發編列總收文號。各單位收發編列之收文號爲單位收文號，一件公文，由總收發分文後，轉至承辦單位時，必要時單位收發仍需登入其本單位之收文簿，以備查考。此時亦可能再編一單位收文號，轉至基層時，可能又由基層收發編一基層收文號。惟一件公文，原則上應祇使用一個收文號，而以使用總收文號，最爲適宜，在機關內部傳遞時，應卽以此號爲準。

如各單位有編單位收文號及基層收文號之必要時，應於號碼上加以註明，以免與總收文號紊淆，一切查詢，仍宜以總收文號爲依據。

拾、檔案分類

檔案分類為文檔管理基礎作業之一，玆分述如下：

一、何謂分類

各種事物，各有其特性或特點，就其特性或特點相同的事物，歸為一類，如此，同類事物，有其共通點，不同類事物，則彼此不同，正如荀子所說：「同其所同，異其所異。」這種方法，稱為分類。

同一類的事物，又可依照此一原則，再加細分，如此：在一「類」中，又可分為若干「綱」，每一「綱」亦可進一步再加細分為若干「目」，如此一層一層的，可依實際需要，分到所要的層次為止。

將所分各類，有秩序地排列一表，並將每一類中，所分的各綱和各目，乃至更多的階層，依其層次，分別排列於相關類之下，這樣的一張表，就稱為分類表。

分類表對於所分事物，構成了一個完整的體系。它最大的功效，就是有系統、有條理、有秩序、完整而又詳盡，以它為工具，對於所分的事物，可收到便於查尋的效果。

在進行分類之先，採用何種標準來分類，也即是說：依照事物所具有的何種特性或特點來分類，甚爲重要。例如：人類，可以依其性別來分類，也可依：膚色、國籍、年齡、教育程度……等不同的標準來分類。故在分類之前，必須先確立標準，以後就依此標準進行，不可隨便更易，如率爾變更，標準不一，則不僅無法達到預期的效果，反將治絲益棼，更加紊亂。

二、分類號碼

對於所分的類、綱、目，乃至更細的層次，我們可以用簡單的文字或號碼乃至其他的標記或這些的混合體來代表，一則期其簡便、易查，一則可利用這些文字、號碼或標記等對所分的類、綱、目加以組織，使其成爲一個完整的體系，這種用以來代表類、綱、目的文字、號碼、標記或其混合體叫做分類號碼或分類標記。

完善的分類號碼，須符合下列幾點要求：

㈠**簡明**：即簡單、明瞭、易於了解。

㈡**簡短**：無論使用號碼、文字、標記或其混合體，都要簡短，避免冗長，以便利書寫、使用。

㈢**系統性**：使用的標記等，其本身最好具有系統，這樣才可利用它來對分類予以組織，使其系統化。

㈣**伸縮性**：爲了適應未來新增加的分類或綱、目，以便挿入，所採用的標記等，須具有伸縮性。

㈤**細分性**：每一類不僅細分爲：綱、目，必要時還需繼續細分，故所採用的標記等，須具有細分性。

三、檔案分類表

檔案分類就是以一個機關的檔案爲對象而予以分類。依此而形成的表就叫檔案分類表。

檔案分類的標準，最普遍、最實用的是以本機關的職掌，也即是本機關的工作或事務爲標準。也有參照本機關內部各單位組織而分的。

檔案分類所使用的分類號碼稱爲類號，是檔號組成的主要部分。

一般機關的檔案分類表所採用的分類方法和分類號碼多依其本身的需要而定。分類號碼，有的用文字，有的用數字，有的將二者合併使用。

以郵政爲例，其早年使用的分類號碼，即係以英文字母與阿拉伯數字合併組成，例如：A1代表季算及概算，A2代表協款、解款，M10代表郵件投遞……等等，其分類表如下：

A 帳務

A1 季算及概算	A2 協款解款
A3 調遣旅費	A4 查視旅費
A5 國內賠款	A6 損失
A7 傢俱	A8 獎勵金
A9 撫郵金	A10 特別津貼

A11 醫藥費
A12 制服
A13 設備
A14 錢幣兌換價率、滙費補水費等項
A15 代收貨價
A16 郵票
A17 房屋及地基
A18 代辦酬金
A19 單冊、文具
A20 人員私人損失補助金
A21 稽核帳目
A22 雜項
A23 郵政儲金
A24 員工養老金

D 國內事務

D1 與地方官署之交接
D2 地方官吏之更動
D3 檢查郵件及戒嚴
D4 印花稅票帳目及報告表等
D5 代售印花稅票之局所
D6 印花稅票之一般事務
D7 雜項
D8 煽亂郵件
D9 宣傳戳記

E 局所

E1 按期造送之清冊
E2 更動局所地位
E3 局所功能之誌號
E4 快遞事務
E5 視察報告
E6 局名及羅馬拼音
E7 移交及接管局務
E8 新添局所
E9 郵政輿圖
E10 雜項
E11 郵電合設

G 總務

- G1 海關
- G2 新聞紙
- G3 印刷物貨樣及廣告等項
- G4 國內寄費資例
- G5 文件檔案
- G6 電報
- G7 涉外關係
- G8 雜項
- G9 捐稅
- G10 郵政認知證
- G11 代訂刊物及代購書籍

M 郵件

- M1 遺失及誤寄
- M2 控訴及查辦
- M3 鐵路
- M4 輪船
- M5 郵差路線
- M6 包裹
- M7 官署公文等項
- M8 保價信函及箱匣
- M9 違禁郵件
- M10 郵件投遞
- M11 郵班時刻表及郵路圖
- M12 統計
- M13 旱路郵件運送合同
- M14 雜項
- M15 代收貨價
- M16 航空事務

P 郵政出版物

- P1 年報、職員錄、規程及局所彙編等
- P2 通令
- P3 常字通令
- P4 郵政綱要
- P5 郵政法
- P6 雜項

SP 特別事項

SP1 軍郵
SP2 雜項

S 人員

S1 請求錄用
S2 調遣及委任
S3 薪水及升級
S4 離局
S5 請假
S6 人員清冊
S7 人員報告
S8 違章及舞弊
S9 申訴
S10 雜項人員
S11 郵務佐
S12 勳章及獎章
S13 考試
S14 考成試驗
S15 雜項
S16 委任狀
S17 保證書
S18 人員組織

U 聯郵事務

U1 萬國郵會
U2 聯郵辦法及資例
U3 法國郵件
U4 法國包裹
U5 香港郵局及代辦之郵件
U6 香港郵局及代辦之包裹
U7 英國郵件
U8 英國包裹
U9 德國郵件
U10 德國包裹
U11 日本郵件
U12 日本包裹
U13 美國郵件
U14 美國包裹
U15 印度、加拿大郵件
U16 泰國郵件

U17	馬來亞郵件	U18	西伯利亞轉寄之郵件及包裹
U19	澳門郵件	U20	其他各國郵件及包裹
U21	互換事務	U22	國際滙票
U23	國際回信郵票劵	U24	國際保價信函及箱匣
U25	遺失、誤寄、賠償、無着郵件及國外查訊單等項	U26	國外統計
U27	雜項	U28	國際郵政博議大會
U29	國際代收貨價包裹及代收貨價掛號函件	U30	國際航空郵件

上述分類表中，A係英文 ACCOUNTS 之縮寫，代表帳務。D係 DOMESTIC 之縮寫，代表國內事務。E係 ESTABLISHMENTS 之縮寫，代表局所。G係 GENERAL 之縮寫，代表總務。M係 MAILS 之縮寫，代表郵件。P係 PUBLICATIONS 之縮寫，代表出版物。S係 SPECIAL 之縮寫，代表特別事項。U係 UNION 之縮寫，代表聯郵。各有其含義，因此便於記憶。

依照行政院秘書處民國六十二年六月頒訂之「行政機關公文處理」手册之規定：各機關之檔案，應以十進法分類。

十進分類法創始於美人杜威（Melvil Dewey），世稱杜威十進分類法。所謂十進分類，依我國圖書館學者何日章先生所說，是：「由一至十，每一類有一名稱，由十一至九十九，仍以原有十個名稱配合而成。如此配合，『以十進一，以一分十』，規律一定，乃名十進。用此十進數字標誌類目，行見數以千計之部、類、項、目，層次井然，有條不紊。」十進分類法，本爲圖書分類方法之一，用之於檔案分類，亦甚適用。

玆仍以郵政爲例，其後檔案分類，即係採用十進分類如下：

總類

百位＼十位 類＼綱		0	1	2	3	4	5	6	7	8	9
0	總類		法規制度	機構	組織系統	設計考核	檢核、視察	考工	總務	研究發展	公牘
1	人事			任用	待遇	假期	訓練、服役	考績、獎懲	福利	紀錄	退職
2	供應設備		房屋、土地	傢俱、設備	機械、用具	單冊、用品	郵政票券	出版物出售品			
3	國內郵件		函件處理手續	水陸函件	航空函件	特種函件	特種事務	包裹	查詢	控訴	費率
4	國際事務		國際關係	函件業務	包裹業務	費率	金融及其他業務	郵件運遞	聯郵賬目	查詢控訴補償等項	
5	其他業務		儲金	滙兌	壽險		代理	集郵			
6	運輸		鐵路	公路	航空	水路	騾、車、伕、馬等	郵差、手車等郵路	汽車、機車、船艇、總綱	車、船、配件、油料	行駛效率
7											
8	公共關係		機關動態	服務	報導	聯絡	建議、批評				
9	財務會計		歲計	帳務	款項		財產			報表、紀錄	統計

0 總 綱

百十位	綱目＼個位	0	1	2	3	4	5	6	7	8	9
00	總綱									報表、紀錄	
01	法規制度		郵政法	郵政規則	郵政綱要	郵政法規彙編		組織法	辦事規則、職務說明書	交通法令	一般法令
02	機構		設立	撤消	增減業務項目、分等、功能誌號	移動、撤遷接收、改組	郵電兼辦及分營	名稱 行業分類		報表 局所彙編	
03	組織系統		增加單位或主管	裁併單位或主管	隸屬關係			劃分職掌	分層負責與授權		
04	設計考核		工作計劃	職責契約	檢討或工作報告		考核	管考	會議		目標管理
05	檢核（視察）		查視局所	查辦專案		郵件緝私違禁及漏稅品	郵務稽查（稽查差）		民局、批信	報表、紀錄	
06	考工		工作標準	物品設備標準	程序標準	工作效率	工作競賽	職工組織			
07	總務		紀念日辦公時間	公務車輛	清潔衛生	警衛	防護、消防、防空	意外事件	國旗歌曲		
08	研究發展		各種研究	圖書	博物	資料	大事記年報資料			圖片、影片	
09	公牘		文書	電報	印信	檔案	通令、通代電、通函等			會議紀錄	

1 人事

百十位 \ 綱目 \ 個位		0	1	2	3	4	5	6	7	8	9
10	總綱		法制	人事管理	員額			姓名、職稱			
11											
12	任用		考試	錄用、聘雇	派職、代理	出差、公出	調遣、借調、輪轉任職	交代（接事、移交）	復用	儲備	代辦人更替
13	待遇		薪給	公費、職務加給	酬金獎金津貼（代辦等）	差派費、調遣津貼車票津貼	伙食、逾時夜班津貼	年獎	米代金、食宿津貼	生活費指數或調查	其他津貼
14	假期		事假	病假	特別假公假	長期假	調遣假	休假	生育假	婚喪假	
15	訓練、服役		郵務實習		訓練	進修、補習	考察		服役、除役退役	動員、復員	
16	考績、獎懲		考績甄審	獎懲（功過獎罰金）	晉級、改班、降級、罰薪	控訴	違章舞弊通緝	擅離職守暫停職務	兼職	年資、資歷	
17	福利		眷屬補助結婚補助	醫藥補助醫院、醫師	生育補助	子女教育補助	保險（勞工互助等）	因公損失補助或救濟因公受傷	喪葬補助	合作社、福利社、康樂活動	其他補助
18	紀錄		職工紀錄	證狀、護照	職員錄	履歷單	異動概況表				
19	退職		退休延長服務	養卹退職金	資遣	停薪留資在家候令	革退、辭退裁退、解雇	告退、辭職離職	因病休致死亡	代扣公卹金代扣退休金	

2 供應設備

百十位 \ 個位 綱目		0	1	2	3	4	5	6	7	8	9
20	總綱		法制	購置招監決標	發運	存貯、保管	查驗廠商調查	使用（撙節、經濟）		報表單式	遺失、損毀、賠償
21	房屋土地		法規	購置、登記、租借、徵用	建築、繪圖、監工、營繕	保養、修理	變更、移轉、接收、接管	清查、處置管理		契狀圖案	公寓
22	傢俱設備		傢俱	水電設備	調溫設備	交通及通訊設備	清潔衛生設備	防雨設備油布等	警備消防設備		
23	機械用具		保險櫃打字機等辦公用品	信筒、信箱	日戳郵資機、秤等用品	郵袋、筐等盛裝用品	夾鉗鉛誌吊牌等封發用品	自行車送信袋寓所信箱等投遞用品	電子揀信機、郵遞機械設備	郵票印製機、郵票出售機	
24	單冊用品		文具（油墨、臘紙等）	單冊、紙張	服裝	標幟（徽章、招牌、旗幟等）					
25	郵政票券		郵票圖案及印製	明信片等圖案及印製	發售、使用、貼用、調換	請領、配發預付、撥繳	存儲、限額、記帳、查點	停售、銷燬處置	僞造、變造、鑑定、塗漿		郵資已付戳記
26	出版物出售品		輿圖	標準信封箋首日封	出版物	出售品（火漆信封等）					
27											
28											
29											

3 國內郵件

百十位	綱＼目（個位）	0	1	2	3	4	5	6	7	8	9
30	總綱		法規	發展業務	改進郵務					表報、單式	遺失、補償賠償、押款
31	函件處理手續		交寄、收集、包裝、日戳	銷票、封發、分揀、袋牌	投遞、領取	退回、無着	欠資、補費、查核郵資	驗關、禁寄、限制	新聞紙登記		減費或優待處理
32	水陸函件		信函、明信片	新聞紙	書籍、印刷物、貿易契	商務傳單貨樣等		小包、圖包			
33	航空函件		信函、明信片	新聞紙	書籍、印刷物、貿易契	商務傳單貨樣等		小包、圖包			
34	特種函件		掛快函件	限時專送	代收貨價	報值、保價	平快	要密、急密、慎密等	存證信函訴訟文書	郵政公事	回執
35	特種事務		存局候領	專用信箱信袋	廣告回信	交寄證明	收款服務	郵購			
36	包裹		交寄、收集、包裝、日戳	分揀、封發、袋牌	領取、投遞	退回、無着、停收、恢復	查核郵資補費	驗關、禁寄、限制	保價、報值	代收貨價押滙	特快及其他
37	查詢		平常函件	特種函件	新聞紙、印刷物等		包裹	小包		查單、驗證	
38	控訴		窗口	投遞	延誤	竊剝	毀損	退回			
39	費率			水陸函件	航空函件	水陸包裹小包圖包	航空包裹小包				

4 國際事務

百十位 綱 \ 個位 目		0	1	2	3	4	5	6	7	8	9
40	總綱		萬國郵盟約章（憲章通則公約協定）	區域郵盟公約	雙邊郵務協定	專題研究	標準、標準化	技術援助		聯郵單式	
41	國際關係		聯郵組織加入退出	大會、臨時大會行政公議會	執行理事會	郵政研究諮詢委員會	萬國郵政公署	各國郵政組織	區域郵盟	區域性國際郵政會議	
42	函件業務		信函明信片	新聞紙類	特快函件	其他函件	掛快事務	保價事務	航空事務	轉運費統計	
43	包裹業務		一般包裹	陸空聯運包裹	緊急包裹快遞包裹	收件人免付費用包裹	脆弱包裹過大包裹	保價事務	航空事務	包裹分攤費	
44	費率		相等價率	水陸函件	航空函件	水陸包裹	航空包裹		特種資費		其他資費
45	金融及其他業務		滙兌及旅行支票	代收貨價函件及包裹	郵政劃撥	兌取票據		訂閱新聞紙類			
46	郵件運遞		互換局	路線班次	合同費率	運遞存儲	事變損害	退還空袋	封發交接		
47	聯郵帳目		航空運費帳目	水陸路運費帳目	包裹運費帳目	回信郵票劵帳目	滙兌帳目	萬國郵政公署帳目	代訂刊物帳目		
48	查詢、控訴補償等項		查詢	控訴	改寄撤回更改地址款額	退回無着	遺失毀損補償	禁例檢驗		欠費補費查核郵費	
49	其他		外交郵務	戰俘及被拘平民郵務			郵政認知證回信郵票劵	語文詞彙	業務資料出版物		

5 其他業務

百十位	綱目 ＼ 個位	0	1	2	3	4	5	6	7	8	9
50	儲滙（總綱）		法制		改良、發展	利率、利息	滙率、滙水	查詢	控訴	報表、紀錄	冒領、賠償
51	儲金（業務）		存簿	支票	劃撥	定期	代理（優利、有獎）		印鑑	儲金郵票	對帳單 核款函
52	滙兌（業務）		定額、小額	高額	電報	特約	劃條	現送 限時專送	僑滙	禮券	
53	壽險		法制	費率	改良、發展	退保、復保	定期	儲蓄	終身		
54											
55	代理		改良、發展	印花稅票	電話、廣播郵轉電報	軍人保險	國庫、公債、外幣、獎券	報刊（代訂刊物）	發票探測器	海關稅	
56	集郵		改良、發展	宣傳	購銷		寄遞				
57											
58											
59											

6 運輸

百十位	綱　目 \ 個位	0	1	2	3	4	5	6	7	8	9
60	總綱		法制	發運次序、郵運線路		存儲、轉運保管	積壓、延誤、改進、加速			報表、紀錄	
61	立約運輸 鐵路		合同	阻行、班次阻斷、恢復		押運、遺失及責任	運費、運率	容間、噸位	優待乘車		
62	立約運輸 公路		合同、租雇交運	阻行、班次阻斷、恢復		押運、遺失及責任	運費、運率	容間、噸位	優待乘車		
63	立約運輸 航空		合同、租雇交運	阻行、班次阻斷、恢復		押運、遺失及責任	運費、運率	容間、噸位	轉運中心局		
64	立約運輸 水路		合同、租雇交運	阻行、班次阻斷、恢復		押運	運費、運率	容間、噸位			
65	立約運輸 騾車伕馬等		合同、租雇交運	阻行、班次阻斷、恢復		稽催、延誤護照	運費、運率	容間、噸位	保證		
66	自辦運輸 郵差、手車等郵路		新設、擴展	阻行、班次阻斷、恢復		稽查、走私		載重、行程		報表、紀錄	撤消
67	自辦運輸 汽車、機車、汽船（總綱）		章則	登記、檢驗牌照執照、養路津貼		班期、路線里程、行駛時間	修理、製造修理廠	押運	成本		
68	自辦運輸 汽車、汽船零件、油料工具		購置、請領	調撥、運送收發、登記	存貯、保管車庫、油庫物料庫	節省、使用保養	獎懲、競賽	偷漏、稽核查驗		報表、紀錄	報廢、拆卸廢件處置
69	自辦運輸 行車		管理調度汽車站	載運、噸量	延誤、拋錨救濟	裝卸、保護	駕駛、測驗	視察、查緝私運、舞弊	客運	報表、紀錄	肇禍

8 公共關係

百十位 \ 綱目 \ 個位		0	1	2	3	4	5	6	7	8	9
80	總綱		法制							報表、記錄	
81	機關動態		成立、改組裁併	主管更換	遷移	機關印鑑	電話號碼				
82	服務		詢問、解答	改寄或撤回郵件	改進營業處所	公家印鑑	遺物處理	代尋親友	掛失止兌	筆友活動代介友人	
83	報導		廣告、招貼、標語	廣播發布新聞	紀念戳記	宣傳戳記	文告（通告、公告）		通信週		
84	聯絡		慶祝、紀念集會	外界會議及活動	考察參觀之接待	訪問	捐贈、宴會	接受捐贈及致謝	通訊處		
85	建議批評		員工建議或意見	外界建議或意見	外界讚譽	外界批評	徵詢、測驗試驗函等	訴願			
86											
87											
88											
89											

9 財務會計

百十位　綱／個位　目	0	1	2	3	4	5	6	7	8	9
90 總綱		會計制度	會計組織及人事				稅捐		員工保證	
91 歲計		概算、預算	決算、結算	盈虧轉帳	成本計算					
92 帳務		登帳手續	記帳科目	帳目審核	查詢、糾正	簽名、蓋章	會計年度結帳月日	報銷、出帳費用聲請書	郵儲費用劃分	儲匯壽會計獨立
93 款項		庫存現金、保管、登記	存額、限額、稽核、查驗	支付權限	損失郵袋運現	總局區局間撥款	與各級局所撥款	國庫或銀行往來、外滙	員工借支、贍家撥薪	
94										
95										
96 財產		保管、清查	登記	保險財產自保	壽年分類標準	估價	移轉、劃分	註銷		
97										
98 報表、紀錄		收支盈虧報表		資負報表	財務或現金報表	財產報表	票券報表	結算報表（日計、月計、旬報）	查帳報表	
99 統計		函件	包裹	儲金	滙兌	壽險、代理	財務	人事		

表中的空格，係備將來創辦新業務時增添綱、目之用。

四、注意事項

十進分類法所用的數字簡單而明瞭，如果所分細目不多，則使用數字的位數也不會太多，也就是說：也很簡短，並不冗長。整個分類表具有完整的體系，亦且具有伸縮性和細分性，可說符合分類的要求。

此外：如一個機關的分支機構很多，各級機構業務繁簡不一，使用十進分類法時，總機構可使用全表，其所屬各級機構，則可視需要使用分類表中之某一層次。如以郵政爲例，郵政總局可使用全表，即使用三位數的「目」，其下的各級郵政機構，則可視其業務繁簡，使用二位數的「綱」，甚至一位數的「類」，這樣可以適合各級機構的需要，而又可互相配合，互相溝通。

但在規劃分類時，有幾點是須加注意的：

㈠、整個分類表須能概括全般業務，不能有所缺漏。

㈡、類、綱、目各層次間，以及同層次間，彼此應有適度之比重，不能或輕或重，使分配不均勻。

㈢、分類之標準，應儘可能劃一，以免易致紊淆、重複。例如：如以性質爲標準來分類，則應避免再按形式來分類。如一面按：業務、會計、人事……等等性質來分類，一面又按：法規制度、研究發展等等，從形式或方法上來分類，則屬於業務之法規，究應歸入何類、綱或目，值得商榷。如事實上無法避免，亦應對此有較詳細之規定，俾期一致，以避免混亂、重複。

㈣、儘量多保留若干類目，以供以後必要時繼續增添之用。

㈤、儘量避免使用如：「總綱」、「其他」等內容不確定之名稱，而應使用內容明確之名稱。

五、檔號

前述的文號，是以一件一件的公文爲單位、爲對象所編列的登記號。以檔卷爲單位、爲對象所編列的登記號，一案一號，稱爲檔號。在同一案卷中的各件公文，其文號雖各不相同，但其檔號則均相同，因其均屬於同一案卷也。

各機關的檔號編列方法，並不相同，大抵隨各機關所採用之檔案分類法而定。檔號以類號爲主，一個完整的檔號，大致可分爲三部分：

㈠年號：卽本案發生之年份。

㈡類號：卽本案應歸屬本機關檔案分類中之類目。

㈢案號：卽本案在同類目各案中序屬第幾案。按同屬一類目之案通常當不止一案，可能有數案、數十案或更多，案號卽本案爲本類目中第幾案之謂。

如以郵政爲例，試擧一例如下：依照郵政檔案分類表，區域性國際郵政會議之檔案分類屬於4國際事務類，41國際關係綱，418區域性國際郵政會議目。民國五十一年，郵政總局於三月間派員赴歐出席歐洲之國際郵政會議。嗣於五月間復派員赴美出席美洲之國際郵政會議。旋又於十月間派員赴澳出席亞洲大洋洲之國際郵政會議。三次會議之案卷，其檔號中之年號均爲51，類號均爲418，但案號不同，最後一次會議，在同類目中序屬第三案，故其案號爲3，其檔號卽爲：51-418-3。

此外：每一案卷，其中所包含之各項文件甚多，除來往公文外，尙有其他有關文件，如：簽、便條、報告、節略等等。各項文件，均係依案情之發展，也可說是依各文件產生日期之先後，依序疊放，日期早者在下，日期後者在上，成爲一完整之案卷。此各項文件，連同來往公文，均依序各編有一號碼，最初之一件，亦卽最下面之一件爲：1號，以後自下而上，依序編爲2、3、4……，此一號碼，其作用在於標記案卷中之每一文件，故稱件號。

件號與檔號可合寫如下：

51-418-3-28

其中最後之二八卽爲件號，整個號碼表示：民國五十一年四一八目（區域性國際郵政會議）中第三案之第二八件。

有的機關，分類較多、較細，其類號較長，其檔號及件號書寫方法採用下列形式：

$$58\frac{1732\cdot 3}{2\qquad 1}$$

其中五八爲年號，一七三二·三爲類號，二爲案號，一爲件號。

文號、檔號與件號構成文檔管理之基本架構，是文檔管理的樞紐。

拾壹、文書與檔案之聯繫

文書與檔案如何聯繫，爲文檔管理重要之一環。因有此聯繫，乃能使其相互溝通，融二者爲一體。如前所述，公文是一件一件的，而案卷則是一宗一宗的。一宗案卷，係由有關聯之甚多公文所組成。如何將一件件之公文，組成一宗宗之案卷，一方面可隨時查知，何件公文，已歸入何一案卷，有無遺漏？另一方面，歸入案卷內之文件，是否完全？此爲文檔管理所必須注意者。

將有關聯之公文，組成一宗案卷，基本上自係以案情爲依據，將屬於同一案件之文件，依其先後，置於一處，即置於一卷中。其方法即：凡公文中引敍有前文者，應與前文併案。未引前文者，則視其內容，將處理同一案件之有關文件併案。如此使與本案有關之各文件，組成一個卷宗，辦畢後全卷予以裝訂，成爲此一案件之檔卷。

此外：在文書方面所使用之收、發文登記及檔案方面所使用之檔案登記二者應如何註記，以資彼此查考，相互參證，各機關對此所採用之方法，約可分爲三種如下：

一、互見

採用收、發文簿的機關多採用此種方式，卽在收、發文簿上，各增闢「檔號」一欄，俟該一收、發之公文歸卷後，將相關檔號列入此欄，相互參見，相互查考，增闢此欄後之收、發文簿形式如下：

收文簿

收文日期	收文編號	來文者	來文文號	來文日期	主旨	檔號	備考

發文簿

發文日期	發文編號	受文者	主旨	檔號	備考

此一方法，對組織不太大，收、發文件不太多之機關，甚為簡明而實用。

收、發文稍多之機關可採前述之活頁式收、發文簿方式，一次複寫二份，除以一份留存外，一份送檔卷單位備塡註檔號，如此較採用裝訂固定之收、發文簿便利甚多。

二、連　鎖

採用聯單來收文以及收、發文的機關多採用此種方法，這些機關，因未設置收文簿，甚至也未設置發文簿，無法採用前節的互見辦法，其收文及發文，都是利用一式幾聯的聯單，於辦畢後以其中的一聯，連同附件，登送件簿送往檔卷單位歸卷。

此時此一聯單之附件，可有數種情況：

㈠收文經承辦單位認爲無需辦復，可以歸檔者，其上由承辦單位批註「歸檔」字樣，隨相關聯單作爲其附件一併送往歸卷。

㈡收文經辦復者，復文稿連同來文隨相關聯單作爲其附件一併送往歸卷。

㈢並無來文之創稿，發文後文稿隨相關聯單作爲其附件一併送往歸卷。

檔卷單位於收到相關聯單及其附件後，可將聯單取下，順其編號歸檔，聯單上亦編列有檔號，可以相互參見，又從聯單有無缺號，即可獲知收、發公文有無漏送歸卷情形。有的機關，則利用「收、發文號、檔號對照表」使文號與檔號相互連鎖，一方面可以由此查知何號公文歸入何號檔卷，一方面尙未歸卷之公文，亦可自表上之空格處立卽獲知。

收、發文號、檔號對照表格式如下：

裝訂線

收發文號檔號對照表

萬	千	百								
十＼個	0	1	2	3	4	5	6	7	8	9
0										
1										
2										
3										
4										
5										
6										
7										
8										
9										

每張對照表計有橫、直各十個空格，共一百個空格，每一空格各有一號數，假定縱稱欄而橫稱行，則第二行第一欄交點處之方格爲一〇號，其右方格爲一一號，餘類推，如今日收文已編至12300號，則123三數字可分別塡入左上方之萬、千、百三個方格內，表示本張號數自12300號起編，第二行第一欄方格之號數爲12310號，其右一格爲12311號，餘類推。

12310方格卽代表12310號之收文或發文（請注意在此情形下收、發文號爲同一序列之流水號），格內所塡號碼卽爲此一收文或發文歸卷之檔號，空格卽表示此號收文或發文尙未歸卷。組織較大，收、發文較多之機關，多採用此一方法，以爲稽鈎、核對、參見之用。

三、合一

合一制係將檔號（包括件號，本章內下同）與文號合而爲一，其方法卽前述之將檔號兼作收文號及發文號之用，不再另編流水之收文號及發文號。

在此方式下，其收、發文簿各欄之形式如下：

收文簿

民國……年

收文		來文			案由
月／日	檔號	機關名稱	月／日	文號	

發文簿

民國……年

月／日	收文者	檔號	案由

從上列表式中，可知收、發文簿上已不編列順序之收、發文號，而卽以檔號代替。在此：收、發文簿除登記收文及發文外，並兼有與檔號相互參見之用。

此制之優點，在於發文號卽檔號，對方復文所引敍者卽此檔號，收到時卽可依此檢案，不需如其他各制之尙須查「收、發文號檔號對照表」或發文簿等，由發文號查出檔號，省却一道手續。同時：收文號亦卽檔號，可卽據以歸卷，省却另編收文號及輾轉查尋檔號之手續。

合一制與一般文檔處理方法不同之處，卽一般方法，係將文書處理與檔案處理分爲兩個階段，第一階段處理文書，文書處理完畢後始進入檔案處理。合一制則將二者合併處理，將檔卷之立案、編目等作業提前與文書之收、發文等作業同時處理，並廢除文號，卽以檔號代替，使二者合而爲一。

由於以檔號爲收文號，故在收到公文時，如有前案，卽併入前案，繼續使用原檔號，除登記收文簿外，並卽予編目。如並無前案，收發人員（或立案人員）。實行此制之機關，其立案人員與收發人員應在一處辦公）在登記收文簿之同時，卽須爲之立案並編目。

發文時情形亦正相同，如有前案，卽予併案，賡續使用原檔號，並續編件號。如無前案，則尙須另立新案。

拾貳、文書處理流程

機關來往的公文，正如私人來往的書信。但私人書信，爲數不會很多，且除了特別重要或有紀念性者外，不會長久保存，故不會發生管理上的問題，更無所謂處理流程。機關則每日收、發公文甚多，日積月累，數量更鉅，且重要者必須長久保存，以備查考，故必須依照一定的程序來處理，才不致紊亂，而且簡便快捷。

處理流程，可分爲收文和發文二大部分，玆分述如下：

一、收　文

收文是本機關收受外間（包括機關及個人）的來文，也就是以本機關爲「受文者」的文件。收文的程序如下：

㈠簽收：各機關爲接受外間送交或寄來的公文，多派有人員，擔任收受文件的工作。同一單位，並兼辦本機關的發文工作，稱爲：「總收發」。收、發文件較多或性質較爲特殊之機關，則更於門首置有「外收發」，一方面便利送文人員，不必進入機關內部，再則亦可保持機關的門禁與內部的寧靜。

外收發收到送來文件，應掣給來人收據，或即於其送文簿或送件回單上蓋收文章或簽字，以示收到無誤，並註明收到年、月、日、時。

收文時應注意信封或包封之封口是否完好，如有拆動痕跡，應當場聲明或註明，以明責任。附件如係外附者，應一一點清。

外收發收到之公文，應隨時或定時（例如一小時一次或二小時一次，但急件或速件應隨到隨送）送交總收發（無外收發者，即由總收發直接收文），其送交方式可登列專簿或登列清單，其上通常須列登：來文者名稱、來文字號、附件件數及名稱、收文日、時等。

㈡開拆：總收發將上述進口公文照單點收，即予開拆，開拆時應注意以下各點：

1. 信封或包封封口是否完好？

2. 附件是否完整？如有短少，應將原封皮保留，並即向發文者查詢。

3. 附件如為現金、支票、滙票、各種有價證券、貴重物品、重要單據等，可依本機關規定，先送出納或主辦單位。

4. 來文原封皮或信封如有參考價值者，應隨附原文之後，以備查閱。

5. 郵寄公文封套上所貼之郵票，蓋有郵戳，可以查閱交郵日、時，不得剪下或撕去。

6. 剪開封套時，應防套內所裝公文緊靠封口，致被剪去，故須注意剪拆。同時，勿將封套口邊緣全部剪開，致使被剪之邊緣，與封套本身完全脫離。最好與封套本身仍有一絲連接，不致脫落，以備日後萬一有所尋查時，封套仍可有完整之形象。其形式如下：

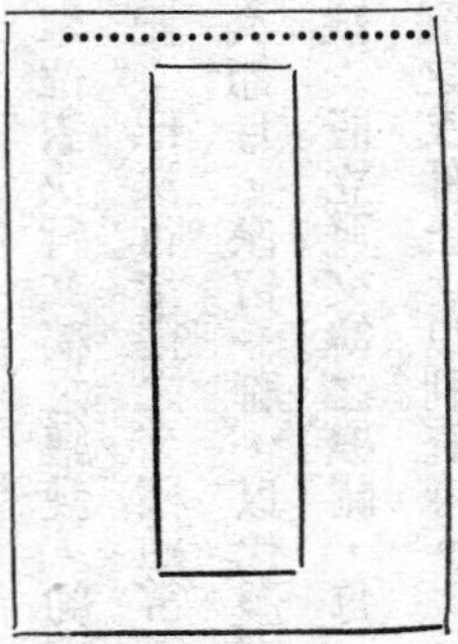

圖中虛線表剪開處，但左邊並不完全剪斷，尚賸有一極小部分相連。

㈢**登記、編號**：開拆之公文，即繼續作以下之處理：

1.於來文首頁右下角（如係左邊裝訂之外文文件，可改爲左下角）加蓋收文日期戳記。

2.於來文上編列一總收文號（總收文號編列方法已見前章）。採用合一制之機關，此時即由管案人員檢前案編列檔號及件號，其無前案者，應予立新案並編目。

3.依照所編收文號次，登入收文簿或收文活頁或收文聯單，視本機關採用之方式而定。

㈣**分文**：業已編號、登記之收文，即依其內容及本機關各單位職掌，確定本件收文之承辦單位，其處理手續如下：

1.在本件收文首頁加蓋承辦單位戳記。

2.如與本件有關之單位不止一個時，應分別主辦單位及會辦單位，在前第一位爲主辦單位，其後爲會辦單位。亦有僅蓋主辦單位，會辦單位由主辦單位另自加蓋者。

3.如有急件或速件，應提出另加顯明之「急件」標誌，按急件處理，先予提送，以免延誤。

4.內容極爲重大之件，依本機關規定須先提陳首長、副首長核閱者，應先提出陳閱。

㈤送辦：業已分妥之收文，卽登送承辦單位辦理。登送方式，普通多用送文簿登送，採用聯單方式收文者可利用聯單，採用合一制者可利用檔卷文件目錄卡，後二者都可省却登送文簿的工作。

二、發　文

收文經登送承辦單位後，此時卽進入辦案的階段，此一公文卽經由該一單位收發或基層收發而送達承辦人員。

承辦人員收到此一公文後，應詳審其內容，如係極爲普通，並無辦復之必要者，卽在原件上簽章存檔，或陳上級閱後存檔。如須辦復者，則擬好復文稿，依本機關分層負責之規定，陳送上級核閱、決行。其須本機關首長、副首長決行之文稿，經本單位主管核閱後，如須有關單位會章者，卽予送會，而後送秘書單位閱稿，再送陳決行。決行後之文稿卽送文書單位繕發。

文書單位對決行文稿之繕發，約有下列幾個步驟：

㈠登記：已決行待繕之文稿通常須先登記發文簿，不設發文簿的則利用收文使用的收文聯單，於其上加註復文節目，保留一聯，以代發文簿。

㈡編號：設立發文簿之機關，每一發文，都須依發文簿所編列之發文號碼或字號予以編號，繕寫（打）於所發之文件上，以利查考。

不設發文簿者，即用收文聯單上所編來文之收文號爲發文號，以資簡便。如係本機關之創稿，並無來文者，可臨時於收文處取一即將用到之收文號，以爲發文號碼。

合一制則使用本案前件所使用之檔號，並連續編一件號，合爲文號。其屬創稿，並無前件者，須立新案，並予編目，即以新立之檔號及件號爲文號。

㈢繕校：繕發公文，以往係全賴抄寫，今則可用打字機繕打，每次至少繕打二份，經校對後正份發出，副份則隨原稿留存。其所以須多打一副份留存者，因原稿僅能供發文機關內部查核之用（如某單位經辦、某人擬稿、某人核稿、決行等），而副份則與發出之件完全相同，可作對外查對之用。若干機關，尙需另備副份一份，送原主辦單位知曉並存查。

發文必須經過校對，如發現繕打（寫）錯誤，應即更正，並加蓋校對印章。

發文附件與文稿是否相符，校對及封發人員應予注意。如附件爲抄件，文末應書明某人照抄字樣或加蓋校對章，以示負責。附件首頁右上端並應註明：「某機關某年月日第某號文件附件之幾」等字樣，以期明晰。

㈣用印：發文繕校完畢後，應連同原稿，送交蓋印。典守印信人員，應查視發文稿上之決行及校對等手續，是否齊全，如有不完備者，應即補辦，俟辦齊後，再爲鈐蓋。

發文正、副份均須依照規定，加蓋印信。原稿依現行規定，不蓋印信，僅蓋「已用印信」章戳。公文在兩頁以上時，應於騎縫處蓋騎縫章。

其他有關印信事項，見後列印信章。

㈤封發：文件於封發時應注意封面所寫收件人名稱、地址是否完全無誤，附件是否齊全。同時寄往同一收件人之文件，如有二件以上時，可用同一封套裝寄，以簡手續，並節費用。

拾叁、檔卷處理流程

此處所稱之檔卷，包括通常所指之檔案、案卷及文卷在內，也就是說：包括已結案及尚在辦理中之文卷。

除採合一制者其檔卷處理流程已提前於收、發文時合併處理，與一般機關不同外，採用其他方式者，其處理流程如下：

一、歸　卷

歸卷為檔卷處理之第一步，即由有關單位將文件移送檔卷單位按照規定辦法處理之意。移送之文件，約可大別為三類：一為本機關出口公文發文後之原稿，如係答復對方來函者，其來函自一併附於發文稿之後。二為本機關進口公文，經分送承辦單位辦畢，認為無需答復，經於其上註明歸檔者。三為其他內部文件，如各單位之簽、便條、報告等等。第一類係由收、發文單位移來，第二類及第三類則由各承辦單位及有關單位直接移來。

移送之方式通常係登列送文簿送檔卷單位簽收，檔卷單位簽收後尚需逐件登記於本單位之登記簿，以備查考。

如係採用活頁式發文簿之機關，則由文書單位以複寫之發文簿活頁一份，連同發文稿（此時發文稿即成爲該發文簿活頁之附件，如一張活頁有十格，即可登十件發文）一併送檔卷單位，如此可代替將發文逐件登列送文簿工作，僅需登一發文簿活頁節目並註明附件件數即可，登送工作可簡化不少。

如係採用聯單方式來收、發文的機關，則係以聯單中之一聯附同發文稿退檔卷單位，如此登列送文簿時僅需登聯單號碼即可作爲將來查考依據，亦可簡化登送工作，節省人力。

此外：活頁及聯單又可抵作檔卷單位本身之登記簿，可節省工作不少。

二、併　案

檔卷單位收到歸卷公文，應即注意其有無前案，如有前案，應予併案。查尋方法，不外下列二途：

㈠如係復文稿而附有對方來文者，可查閱二者中所援引之前文節目，依此線索，即可查得前案。

㈡如文中並未援引前文節目，可依檔案分類，就該一分類項目中查明有無前案，或與承辦人員聯繫，當亦可協助查明。

經查明有前案者，應將新收到歸卷之件，併入前案，仍沿用原檔號，如此本文卷方屬完整，方可自本卷明瞭本案截至最近亦即最完全之發展情形。

如係本案第一個文件，並無前案可併者，應即予立案。

三、立　案

立案時先依本件公文之內容，按照本機關檔案分類表，確定其應歸入何一類目，亦即確定其類號，而後將其案名登入「檔卷分類目錄簿」。

檔卷分類目錄簿格式如下：

檔卷分類目錄簿

民國＿＿＿年　類目：　　　　類號＿＿＿

案　號	發生月日	案　　　由

上列各案已裝入第　　　冊檔卷

丁4（192×272mm）

目錄簿上端之「類目」即爲本機關檔案分類表中之類目名稱，其右之「類號」即檔案分類表中之分類號碼，亦卽檔號中之類號。案號則依同屬本類目之各案登入先後，順序編列，每年自1號起編。如仍以前擧郵政之例爲例：418爲區域性國際郵政會議目，故類目名稱卽爲：區域性國際郵政會議，類號爲418。發生月日欄塡本案第一件文件登記之月日。

依照前擧之例，五十一年三月派員赴歐洲國際郵政會議爲該年本類目之第一案，五月派員赴美出席美洲國際郵政會議爲本類目之第二案，十月派員赴澳出席亞洲、大洋洲國際郵政會議爲本類目之第三案，其案號分別爲：1、2、3。

四、編目

新卷立案後或收、發文有前案者經併案後，案內各件，應卽依案情發展順序或文件產生日期先後（通常二者係一致的），將各文件叠放整齊，最早發生或日期最先之文件，位於文卷之最下，以後各件，依序放置，先發生或日期早者在下，後發生或日期後者在上，並將各件自第一號起，依序編列件號，同時登入「檔卷文件目次卡」，此一作業，稱爲編目。

須予編目之文件，除案中本機關之收、發公文外，其他在本案處理過程中產生之文件，如簽、便條、報告等等，均應依其產生先後次序，一一予以編目，以免遺漏，而利查考。

每案之第一件文件，須先予立案，再予編目，以後各件，則無需立案，併入前案卽可，但需逐一予以編目。

「檔卷文件目次卡」格式如下：

檔卷文件目次卡

檔號：＿＿＿＿＿＿　　參考文卷檔號：①＿＿＿＿＿＿　②＿＿＿＿＿＿

③＿＿＿＿＿＿　④＿＿＿＿＿＿

本案文件目錄								調卷紀要					
文件順序號碼	文別	發文	收文	發收文者	號碼	年月日	頁數	年月日	文件號碼 自　號	至　號	共計頁數	送達單位	調卷人簽字
1													
2													
3													
4													
5													
6													
7													
8													
9													
10													
11													
12													
13													
14													
15													
16													
17													
18													
19													
20													

（郵政檔卷目錄卡）

此卡之性質，爲一宗案卷內所包含各文件之詳細目錄。卡內「本案文件目錄欄」卽係備登記組成本案的各文件之用，其中「文件順序號碼」卽前述之「件號」。

本卡依其左側邊號碼之大小共分十種，第一種一至〇十個號碼完整無缺者爲一號卡，其形式如前。缺1號（卽印製時將1字處切除成一缺口）者爲2號卡，其形式如後：

檔卷文件目次卡

檔號：＿＿＿＿＿＿　　參考文卷檔號：①＿＿＿＿＿＿　②＿＿＿＿＿＿　③＿＿＿＿＿＿　④＿＿＿＿＿＿

本案文件目錄								調卷紀要				
文件順序號碼	文別	發文	收文	發收文者	號碼	年月日	頁數	年月日	文件號碼 自　號至　號	共計頁數	送達單位	調卷人簽字
1												
2												
3												
4												
5												
6												
7												
8												
9												
10												
11												
12												
13												
14												
15												
16												
17												
18												
19												
20												

（郵政檔卷目錄卡）

缺1、2號者爲3號卡，其形式如左：

檔卷文件目次卡

檔號：＿＿＿＿　　參考文卷檔號：①＿＿＿＿　②＿＿＿＿　③＿＿＿＿　④＿＿＿＿

	本案文件目錄								調卷紀要					
3	文件順序號碼	文別	發文	收文	發收文者	號碼	年月日	頁數	年月日	文件號碼 自　號	文件號碼 至　號	共計頁數	送達單位	調卷人簽字
	1													
4	2													
	3													
	4													
5	5													
	6													
	7													
6	8													
	9													
	10													
7	11													
	12													
8	13													
	14													
	15													
9	16													
	17													
	18													
0	19													
	20													

（郵政檔卷目錄卡）

餘類推。

前述第一案可使用1號卡，第二案使用2號卡，餘類推。如需要十位數或百位數，可在原有之數字前加添。

同一類目之各案卷，可利用此卡分隔，同置於一活動之檔卷夾（卽可隨時裝入或取出之活動式檔卷夾）中，以便隨時裝入或取出。由於卡上缺口關係，裝在同一夾內之案卷，以此分隔，甚易尋檢。年終辦結後，卽予裝訂。此時此一目次卡，可置於本案卷之首頁，卽爲本案文件之詳細目錄。

遇各單位調卷時可利用本卡右半方「調卷紀要」欄作送件簿用。在合一制下，因編目工作係與發文工作同時辦理，故遇對方復文到時，登記後卽可利用本卡，將全案送承辦單位簽收，省却另登送件簿工作，簽收後本卡可放置稽催盒內，備作到時稽催查考用。

五、整　理

對歸卷之文件，應加整理，其要點如下：

㈠有序：卽案卷中之每一文件，應按件號小者在下，大者在上，順序疊放。所附附件及批條等，應依序夾附適當地位，使整個案卷，依案情之發展，井然有序，翻閱便利。

㈡完整：卽案卷中之每一文件（包括簽、批條、便條等等）及其附件，應保持完整，不得缺失散亂。其特別重要之附件，不便附卷者，如契約、有價證券等，可另行妥予存放，並於相關文件上註明。

㈢簡潔：卽無需附卷之件，如不必要之信封、多餘之抄張、作用已畢之小條（如調卷小條、「送〇〇」、「請面談」、「遵已改稿」……等小條）以及多餘之廻紋針、大頭針……等等，可予除去，以免增加卷帙。

文稿經淸稿者，其原稿可除去，但謄正之稿仍應依規定程序送核及送會。

㈣適當：案卷隨案情之發展，何處宜予分立或另編檔號，何處宜予合併，何處宜予參見，關係文檔管理之良窳者甚大，管卷及辦案人員應特加注意，以期案卷之分、合、繁、簡，恰得其當，達到便於查閱之目的。

歸卷之文件，並須先予檢查，其要點如下：

㈠主、會辦單位及其他有關單位是否均經送請辦理或簽閱完訖，如有遺漏，應卽補送。

㈡案卷內文件，如有短少，不論本文或附件或簽條，應卽追查歸卷。

㈢各文件順序如有顚倒錯亂，應整理妥當，如有不必附卷之物，可以除去。

㈣文件所註檔號，是否正確？

㈤文卷邊角，如有皺摺，應理平之；如有破損，應貼補之；如字跡模糊缺少，應查考補註之。

六、查　核

公文經歸卷處理後，有無遺漏，換言之：卽本機關之收文及發文，是否均已歸卷，如何查核？

此一問題，亦即文書與檔案如何聯繫的問題，在前章中已有說明，此處不再重複。

七、調閱

公文經歸卷後，即由檔卷單位保管，如有調閱某一案卷需要時，須由調閱者填「調卷單」。

調卷單格式如下：

調卷單

檔號：

案由：

調卷人：　　　　單位主管：　　　　調卷日期：

簽收：　　　　簽收日期：

丁5 (136×192mm)

實施文檔合一制之機關，其案卷於收到對方復文時係以隨文檢送承辦單位為原則，如此可便利承辦單位參辦，並減少調卷次數。

調閱之檔卷經檢出送調卷單位時，可以檔卷文件目次卡送請簽收，亦可即以原調卷單送請簽收，以省另登送簽簿工作，調卷單經簽收退回後，可集中依檔號順序存放，以利查考。

八、分　存

各類檔卷，可大別區分為：「已結」及「未了」兩大類，可依此分別存放。未了類文卷因尚待繼續辦理，故檢調當較為頻繁，可放置較近、易於檢取之處。

已結類檔卷，可依各機關本身規定，定期或按年予以裝訂、典藏。

對未裝訂前之檔卷，可用一種硬面可直立之檔案夾裝放，此種檔案夾係二孔活動式的，檔卷可隨時裝入、取下，檔卷文件目次卡亦附於相關檔卷之上，一併放置。一個檔案夾內，視檔卷卷帙之厚薄，可放置數宗，由於目次卡印有號碼之邊緣，伸出於案卷之外側，故此時不僅是檔卷本身之目錄，且成為卷與卷間之插頁，具有分隔文卷之作用，使檔卷極易檢尋。

同一類號之案卷，可放置於同一檔案夾內，依案號之大小，小者在下，大者在上，順序疊放。類號相連之案卷，如卷帙不多，亦可容納於同一個檔案夾內。遇有調案時，即將檔卷連同相關目次卡，一併取出，送借調單位簽收後，將卡另行存放一處，以便查考、催還。

檔案夾之背脊上，可將分類號碼及類目名稱（例如：○一一　郵政法）標明，豎立於櫃內，甚為明顯，極易尋找。

九、裝　訂

已結之案卷，經過規定期間後，即可予以裝訂。裝訂時應將本案之「檔卷文件目次卡」置於卷首，一併裝訂，如遇卷帙不多之案卷，亦可數案合訂一本。

裝訂前須將已結待裝訂之案卷檢查一遍，依各案所註保存年限，予以區分，其須永久保存者，可予硬面精裝，其餘視所訂保存年限之長短予以平裝、粗裝或銷燬。

裝訂以一案一册為原則，但亦可視卷帙之多寡，分訂數册，或數案甚至類號相近之各案卷合訂一册。

如同一類號之數案合裝一册時，應依案號排列，並於册首加一案由目錄。類號相近之各案卷合訂一册者亦同。

裝訂之册脊式樣如下：

民國　年	類　目	類　號	案　號	案　名	册　號

册脊上之册號，可順序編列，並於「檔卷分類目錄簿」內註明，以便查考。裝訂後之檔册，可豎立檔案橱內，以利找尋。

十、編總目

前述之「檔卷分類目錄簿」卽爲檔卷之總目錄，但檔卷依保管年限之長短予以區分後，此一目錄簿，亦應依照予以區分，其中須永久保管之檔卷，可另立目錄簿，予以裝訂，逐年編存，必要時並印發本機關各單位，以備查考。

十一、保存及銷燬

永久保存之檔卷及其「檔卷分類目錄簿」自應永久保存。至其餘限期保管之檔卷，可依其保管年限之長短，編訂粗裝之目錄簿或臨時目錄簿，俟限期屆滿，將檔卷予以銷燬，相關目錄簿可視情況併予銷燬或留備查考。

到期檔卷在銷燬前，應依本機關規定，於報准後銷燬，必要時並應將相關目錄，先送請各有關單位核閱一遍，確無保存必要時，再予銷燬。

十二、縮影

檔卷縮影係將檔卷中各文件以攝影方法縮小攝錄於軟片中，以利保存，而代保留原卷。由於軟片體積甚小，一捲軟片，又可攝錄甚多之文件，故用此種方法保存檔卷，可使存放之空間，節省甚多。閱讀此種縮影時，可利用特製之閱讀機，就底片放大閱讀，必要時亦可加洗照片，以供應用。原則上檔卷經縮影保存後，原卷應卽可銷燬，以達到節省存放空間之目的。但由於：㈠法律徵信仍必須有賴原件，不能以影本代替。㈡有歷史價值之檔卷仍必須保留原件，以存眞蹟。故事實上不能全予銷燬，而必須有一部分以原件及縮影雙線保存。

檔卷縮影及原卷處理之準則，試列擧如左：

㈠凡具有法律徵信價值或具有歷史價值，經核定永久保存之檔卷，其原卷於縮影後仍予保存。

㈡雖具有法律徵信價值，但屬定期保存檔卷，經核定其保存年限者，原卷於縮影後保存至屆滿年限時銷燬之。

㈢具有行政或管理參考價值，經核定保存年限之定期保存檔卷，其原卷於縮影後卽予銷燬。

㈣事務性或例行性檔卷不予縮影，原卷保存至屆滿年限時卽予銷燬。

上述準則以及檔卷需否縮影，各機關可視其自身情況斟酌訂定。

依準則需予縮影之檔卷在拍攝前須先加整理，例如文件上所附之大頭針、迴紋針等須予剔除，以便處理。

拾肆、密件的處理

由於保密的需要，一般機關多將密件公文與一般公文分開，由不同的單位處理，密件公文之文檔作業，通常多由秘書單位辦理。

密件公文之處理方式與流程，與一般公文相同，惟在傳送時應用雙層信封，內封封口處應加封誌或蓋騎縫章，寫明某某人密啓或親啓字樣，然後加裝外封，送（寄）往對方。

凡註明密啓或親啓之密件，均應由收件人自行拆封，文書或秘書單位不能代拆。

密件文卷有二種情形：一爲全卷各文件均爲密件；一爲同一案件中，一部分爲密件，一部分爲普通件。在第一種情況下，處理自無困難。如係第二種情況，又可有兩種處理方式：其一係將密件與普通件依其處理程序各別處理，分爲兩個文卷，應用時可分別調閱；其二係將普通件亦視爲密件，與密件合併處理，併爲一個文卷。二種方式，可擇一使用。

密件檔卷俟解密後可與普通檔卷合存一處，合編一目錄，以便查考。

拾伍、印　章

一般機關通常使用之印章有左列數種：

印或關防：即有本機關全銜之正式印信。

職章：即有使用人職務全銜之正式印章。

簽名章：即依使用人簽名式刻製之章。

騎縫章：如「○○○局騎縫之章」。

機關名稱小戳：如「○○○局」章。

條戳：木刻之機關全名條戳。

上述印章之使用情形如下：

㈠公告、公布令、派令、任免令、奬懲令、褒揚令、聘書、訴願決定書、授權狀、奬狀、證明文件等均蓋機關印信，並蓋機關首長職銜簽名章。

㈡函：

1.上行文：繕寫（打）機關首長職銜、姓名，蓋職章。

2.平行、下行文：蓋職銜簽名章或職章。

(三)書函：由發文者署名蓋章，或蓋章戳。

(四)公文發文時，原稿不蓋用印信，僅蓋「已用印信」章戳。

(五)公文在兩頁以上時，應於騎縫處蓋騎縫章。

(六)文件內文字有更改之處，應加蓋機關名稱小戳。公文附件、抄張及副本之上，亦應加蓋上述小戳。

(七)不重要之文件，可蓋用條戳。

拾陸、公文內部傳送與處理

一、單位及基層收文登記

一個機關，除總收發外，各單位都各有收發，稱之爲單位收發。各單位內的基層單位，亦各有收發，稱之爲基層收發。

各單位及基層爲收、發文件登記之用，亦均設有收到文件登記簿，並可兼作送出文件登記之用。單位或基層收到文件登記簿格式如下：

○○單位　收到文件登記簿

本單位收到日期	總收文號	文別	來受文者	發文日期	文號	案由	辦理情形	備考

各單位及基層所收文件，大別可分爲二類，一爲由總收發分來之進口公文及出口公文稿，一爲本機關其他單位送來會簽、會章等文件及便函等，這些都須一一登記，以備查考。

收到之文件辦理情形可在「辦理情形」欄簡約註明，或即加蓋一日期戳，以示已於是日辦訖。其未註明者，即表示該件尚在本單位辦理中，應依規定期限，予以稽催。

本單位之創稿，可於「備考」欄內註一「創」字，以爲區別。

使用聯單制收文之機關，因其收文已有聯單分送承辦單位乃至基層單位，在此情形下，自可免再登記單位及基層「收到文件登記簿」，以期簡化。

有的機關，單位收發及基層收發亦使用前述之號碼索引簿，以代「收到文件登記簿」，以期簡便。

二、承辦案件登記簿

承辦人員收到單位收發或基層收發送來歸其承辦之公文時，應登列承辦案件登記簿，以備查考。

承辦案件登記簿格式如下：

承辦案件登記簿

收到日期	總收文號	文別	來受文者	發文日期	文號	案由	辦理期限	辦理情形	備考

拾柒、工作簡化

文檔管理是一項相當繁複的工作。以文書處理手續言：由於每一件公文，自總收發收到以至復文發出，中間必須經過好幾個單位，好幾個層次。在傳遞過程中，每經過一個單位，一個層次，乃至一個經辦人，除非我們採取完全的信任制，否則都必須登簿送請對方簽收，以明手續。對方簽收後，又必須自行設立登記簿，將收到之件，予以登記，以備查考。這些重複的登送、登記工作，尤屬耗費人力和時間，如能設法予以簡化，不僅節省人力，且可加速處理，增進工作效率不少。

本書所述的幾個文書處理方式：簿册式、活頁式、聯單式以及合一制，除簿册式與活頁式適用於範圍較小，組織較為簡單之機關，由於此類機關收發文件數量並不太多，此種方式，正可適合其需要外，對於組織龐大之機關，可採用聯單或合一方式，以收簡化之效。玆將其簡化情形，分述如下：

一、採用聯單

採用聯單的方式來收、發公文，對較大的機關，確可節省內部各單位間的送簽、登記的工作。這些機關，可視其本身的需要，訂定聯單需用的份數，一次繕寫（打），分開使用。一般說來，可以其中的一份，存總收發作總收文簿用，一份存單位收發作單位收文簿用，一份存基層收發作基層收文簿用，一份於發文後附文稿退檔卷單位以代「收發文號、檔號對照表」用，一份於發文後附抄張退承辦單位備查。如尚有其他需用，祗要複寫不致模糊，仍可增添應用。上述各聯，於移送時又可代送簽簿，省却送文登記工作，在公文未辦復前，可據以作稽催之用，辦復後可據以稽核有否歸檔。故使用聯單，可節省各單位重複登送、登記等工作不少。

二、文檔合一

採用文檔合一方式則係將檔卷管理工作提前與文書管理工作，同時合併辦理。故在開始似覺手續較繁，但以後的工作，則較爲省力。又通常在非合一之辦法下，係俟案結後再將文卷移送檔卷單位處理，此時因案已辦畢，時間因素已不重要，在此情形下，易使管檔人員心理上較爲鬆懈，整理工作，易致耽延或積壓，文檔合一之方式則可免除此弊。

在文檔合一方式下，文書之收、發文簿，卽同時具有檢卷、歸檔之索引功用。又合一方式係將文卷之立案、編目等工作，提前與收、發文工作，同時辦理。此時立案所使用之「檔卷分類目錄簿」，除在文書處理階段中可供隨時查案之用外，並卽爲日後整理檔卷時之檔卷總目錄。編目所使用之「檔卷文件目次卡」，除在文書處理階段中可供隨時查察本案文件外，並卽爲日後整理檔卷時本卷之文件目錄。二者均係將兩種工作，合併爲一，使作業簡化。

「檔卷文件目次卡」由於其右半幅印有「調卷紀要」一欄，可利用其移送本案文卷，故在本案處理階段時，可作登送本卷之送文簿用。文卷送出待辦期間，此卡可另置一處，定期查閱，以利稽催，故又可抵稽催卡用。如此一卡數用，亦可使工作簡化不少。

以上係採用聯單或合一方式處理文檔所可收到的簡化效果。此外：下列各項，亦可收到部分簡化的功用。

三、應用抄張

若干機關，其總管理機構與各地分支機構間之隸屬關係，往往不止一個層次，例如：以事業機關言：有全國性之總管理處，有地區性之中間管理機構，其下復有地方性之各地當地機構。以行政機關言：有中央政府，有地區性之省政府，有地方性之各地縣市政府。總管理機構之決策，往往須由各地分支機構執行，但命令之傳達，必須透過中層機構，不能直接下達各地分支機構，以免越級。故一件公文，由總管理機構行文各中層機構後，各中層機構，又須分行其所屬各地方機構，在此情形下，爲節省中層機構轉行手續，可以抄張(或通函)方式，同時抄送相關之地方機構，除節省承轉手續外，尚可增進速率。

其次：各機關對所屬各附屬機構(包括中層機構及各地機構)應普遍知曉之事，多以公報或彙刊方式週知。但公報或彙刊，係定期出刊，時間上不免遲延。故具有時間性事項，似宜以通函方式，由總管理處寄發各中層機構，而以抄張方式，或逕將此一通函同時分送各地分支機構，如此可省却逐層行文之手續，並收到迅速之效果。

四、文件交換

組織龐大、單位衆多之機關，爲便各單位間文件之傳送，可集中設一文件交換中心，中心設文件交換櫃，每單位一櫃或一格，送各單位之文件，卽置於該單位之櫃或格中，由各單位定時派人來取，同時將該單位送其他單位之文件一併帶來，分置各相關櫃或格中，以備其他單位來取，如此可節省人力，提高傳送效率。

五、簡化稽催

關於公文的稽催，可於一般文檔作業中附同辦理，不必另設專人專職，以資簡化並節省。

前面曾提到，採用聯單收發文的機關，可根據各聯作稽催之用，因各聯上均有復文節目一欄，如尚未辦復，則此欄卽係空白，可據以向經辦人催辦。其中存單位收發之一聯，可由該單位適當人員保管，隨時據以檢查稽催。存總收發之一聯，亦可作本機關總稽催之用。

在採合一方式之機關，其檔卷文件目次卡在相關文件送出後，卽可集中一處存放，作稽催之依據，俟復文辦妥，始再將卡取出，將復文節目登入，而後將全案附同目次卡，存入檔案夾內。

拾捌、公文速率與公文實效

處理公文，一定要講求效率，在講求效率的前提下，公文處理的速率是首先被注意到的問題。依照「行政機關公文處理手册」的規定，公文處理時限的基準如下：

㈠最速件隨到隨辦。

㈡速件不超過三天。

㈢普通件不超過六天。

㈣限時公文，法令定有時限的事項，依限辦理。

㈤案情繁複者，可展期辦理，由各機關自行核定。但展期超過一個月者，須經首長或幕僚長核准。

除了由於承辦人員的故意或過失而致延擱外，影響公文速率的主要原因有二：在縱的方面，是核閱層次多寡的問題；在横的方面，是處理流程長短的問題。

依照上述手册之規定：公文依其內容的重要性而分爲：「極重要」、「重要」、「普通」三種。每種公文之處理，均分：「承辦」、「審核」、「決行」三個層次。普通公文，由科（課）員級以下人員承辦，經審核後，送上級主管決行。重要公文，由科（課）長級或相當職位人員承辦，經審核後，送上級主管決行。極重要公文，由科（課）長級以上人員承辦，經審核後送機關首長決行。除承辦人員及決行人員外，審核人員，以不超過二人爲原則。

事實上，一件公文，除承辦人員一人外；審核人員，一般爲主管、副主管二人；決行人員，則爲上級主管、副主管二人（或首長、副首長二人）；共爲五人。如係極重要公文，在決行之前，尙需經秘書單位「閱稿」，如爲秘書及主任秘書二人，則連前共爲七人。一件公文，須經過七人之手，方能確定，其能依限於六天甚至三天之內發出，誠屬不易。如尙需送其他有關單位會章，則更無論矣。難怪提高公文速率的要求，經常被提出，而有關公文速率的表報，也依然要不斷地造報了。

以上係假設機關之內部組織，僅分三個層次而言。實際有的機關，組織龐大，不止三個層次。例如有的公營事業，首長、副首長之下設處，處之下設科（課），科之下又設股，計有四個層次。而重要及極重要公文，是否都確由科（課）長級及其以上人員親自承辦，亦不無疑問。故一件公文之決行，實際上恐尙不止經過七人之手，欲求其迅速，自更不易。

故公文速率問題，實際上與公文核閱層次以及一個機關之組織，皆有關聯。在組織一時無法精簡之情形下，恐祇有減少核閱層次，則公文處理，自然加速。例如普通公文，其內容多屬例行事務，似不必經過「審核」步驟，祇要「承辦」、「決行」二步驟，甚至合爲一步驟，似亦無不可。而極重要之公文，則必須考慮周詳，似又不必囿於處理時限，致匆忙中易致錯誤。

核閱層次亦與分層負責有關，特別是組織龐大之機關，必須分層負責，同時減少核閱層次，使適當層次之主管，可以直接對外行文，始能有助於加速公文處理。

關於縮短公文處理流程方面，由於一件公文，常有牽涉到一個機關內數個單位的情形，通常此類公文，首先須傳送各有關單位，請其表示意見，其後由主辦單位彙齊各方面意見，擬具公文稿，再傳送各有關單位會章，如此來回兩次，已費去時日不少，故此類牽涉單位較多之公文，可酌量採取下述方式，以縮短流程：

㈠僅需通知而不必事先徵詢意見者，可採先陳判，俟發文後再送會章（即通常所稱之「後會」）之方式或採以抄張代會的方式，以取得聯繫。

㈡須有關單位參加意見者，可視情形由主辦單位草擬公文稿，送有關單位就其有關部分續稿，不必先送請表示意見，如此亦可減少一次先徵詢意見之流程。

㈢確有事先徵詢有關各單位意見之必要者，可先以電話聯繫，必要時可邀請有關各單位會商，則在會商中即可獲致解決方法，而後據以草擬公文。

總之：欲求加速公文處理，必須縱的方面減少核閱層次，同時在橫的方面縮短流程，如此可收自然加速之效，而無形式化之弊。

加速公文處理，爲講求公文效率之一端，而講求公文效率，尤應注意公文之實際效果。欲使公文充分發揮其實效，必須公文之內涵，確能解決實際問題，且確有行文之必要，如此方能符合要求，達成處理公務之目標。

拾玖、文檔處理的電腦化

晚近電子處理資料系統（Electronic Data Processing System），卽俗稱之電腦，已爲資料之處理，帶來革命性之進展，使人類步入了一個嶄新的世紀。電腦之應用，已進入人類生活的各方面，文檔之處理，在來往文件甚多之機關，亦可利用電腦，以提高工作效率，達到迅速、便利之目的。

一組電腦處理系統，其組合的機件大致可分爲兩部分：

一爲中央處理機（Central Processing Unit 又稱 CPU），是處理系統的主機，可依我們所設計的程式，處理各項資料，是處理資料系統的神經中樞。

一爲資料輸出入設備（Input/Output Device）：與中央處理機相連，各項需予處理的資料，可經由輸入設備，送入中央處理機處理。中央處理機處理完成之資料，則經由輸出設備，印製成所需要的報表和文件，或將其錄存於貯存媒體（如磁帶、磁碟、磁片、磁鼓等）上，以備日後需要時再行輸入之用。此部分設備計有左列各項：

端末機（Terminal）：各項需予處理的資料，可透過端末機之鍵盤，由操作人員按鍵輸入中央處理機處理，處理的結果，可顯示於其螢光幕上，或經由列表機印出，以供使用。

列表機（Printer）：可將中央處理機處理完成的資料，依程式的指示，印製各種報表和文件，以供參考、使用。

磁帶機（Tape Driver）或磁碟機（Disk Driver）：是資料貯存之處，兼具輸出與輸入的功用。主機處理完畢之資料，可輸出貯存於此，爾後如有需用時，亦可由此逕將所需資料再行輸入主機供用。一部主機，可視其容量及使用機關之需要，同時配置數部端末機。

例如：某機關除辦理總收發之總務單位外，尚有其他單位計六個，除總收發置有端末機外，各單位如有需要，亦可各置端末機一部。此種端末機可分爲兩部分：一部分爲鍵盤，其形式有如英文打字機，各項資料，可隨時由操作人員按鍵輸入。與鍵盤垂直豎立之部分有一螢光幕，所需之資料，可隨時經由按鍵，使其顯現於幕上。

端末機形式如下：

一、收　文

總收發收文時可利用端末機將來文有關資料，如：來文者、來文日期及文號、內容摘要、承辦單位等一一由操作人員按鍵輸入機內，以代通常收文登記所使用之各簿册，同時可將登記情形顯示於螢光幕上，有如一收文登記簿然。然後再輸入送文單所需之資料，並由列表機印出送文單，將此一收文附同送文單送往承辦單位簽收。承辦單位之收發亦可利用設置該處之端末機作單位收文登記。

總收發及各單位收發所輸入之各種資料，均可彼此互通，顯示於螢光幕上，亦可視其性質，限制於僅某些單位可以互通。

承辦單位收文登記完畢後，即可將來文交承辦人辦理，或轉基層單位轉交承辦人。

收文登記之格式可由各機關依其本身需要訂定，茲舉一例如下：

收文登記表

總收文號	單位收文號	來文字號	併案字號	檢卷卷號		
100001	1001	70掏管00125	70掏管00089	A0503		
簡由	請開程式語言訓練課程					
機密等級	速別	附件數	來文日期	登記時間	預定辦畢日期	
	速	1	701001	70100109	701004	
承辦單位	承辦人	簽收	退文	展辦日期	辦畢日期	發文字號
電腦組	王○○	100110			701004	70光電00157

二、發文

來文經承辦人擬妥復稿陳判決行後，卽送由總收發發文。此時編號、繕打等工作，亦可利用電腦處理，復文內容，可由操作員按鍵一一輸入主機，然後由列表機印出。自中文電腦問世後，已可直接以中文按橫式或直式印出，有如一般之印件，甚爲清晰，茲舉一印好發文爲例如下：

保存年限　　檔號

○○股份有限公司（函）

速別	最速件	密等	

受文者：○○總局○○處

副本收受者：○○電腦股份有限公司、○○股份有限公司

發文
- 日期：七十年十二月四日
- 字號：（七十）光電字第○○三○○號
- 附件：

批示

擬辦

主旨：本公司爲響應政府推行辦公室自動化之政策，努力發展公文處理與檔案管理電子處理系統，今已發展完竣，並臻實用階段，特請　光臨參觀指敎。

說明：

一、本系統爲辦公室自動化系統之一部份，乃本公司依據行政院及國軍頒行之公文處理辦法爲藍本發展之系統，適用於一般行政機關、國軍單位、國營事業機構及民營企業。

二、本系統在公文處理上之功能有：總收文簿登錄、查詢，單位收文之承辦、流程管制、會辦處理、公文稽催、以至發文簿之登錄、查詢，公文之撰繕、修改、打印等，脈絡一貫，達到公文簡化、效率化之要求。

三、本系統在檔案管理上之功能有：以編目方式管理公文之歸檔，提供借調公文查詢系統，移交清冊自動編列，移轉、銷燬公文自動化等。

董事長　○○○

利用電腦繕打文件，就目前發展情況，尚可有下列便捷之點：

一、可自動調整每行字數。

二、可自動調整行與行間及字與字間距離之大小。

三、可自動在一文件中連續尋出某字並將該字換成另一字。例如：某機關致郵局及電局函各一，內容相同，僅文中所有稱呼，一爲郵局，一爲電局，在此情形下，僅需繕打一致郵局函即可，而後利用「尋字」之功能，將文中所有「郵局」字樣，一一尋出，再利用「改字」功能，將所有「郵局」改爲「電局」即可，不必將整個文件重打。

四、可自動將文件中不必要之字予以消除。

五、可自動將文件中各段落或語句前後移動，重行組合。

六、可輸入詞彙，以代單字。例如：「文檔管理」四字爲一個詞彙，可視同一字，撳一次鍵輸入備用，不必分爲：「文」、「檔」、「管」、「理」四字分四次輸入。

由於上述各項特點，使文件之撰擬、繕印工作，簡化不少。

三、歸　檔

由於各項文件之節目電腦內均有詳細之記載，甚易檢查，對文件之歸檔，極爲便利，遇有借閱、查詢，亦便於檢調，如需作何統計、表報或移交清册、檔卷目錄等，則尤爲快捷便利。

出口文件，於電腦繕打時卽已錄入其全文。進口文件在通常情形下僅輸入其重要節目，以代收文簿。惟如將其全文，亦予輸入，則所有進、出口文件，電腦均有紀錄，可取代檔卷縮影之功用。

貳拾、國家檔案之保存

——簡介美國國家檔案館及瑞典國家檔案館

一、美國國家檔案館

美國政府爲保管國家重要檔案，設有國家檔案及文獻館（National Archives and Records Service），簡稱國家檔案館（National Archives）。

早在一七七四年，當獨立戰爭時代之議會（Continental Congress）在費城擧行第一次會議時，即指派查理士湯姆遜（Charles Thomson）爲秘書長，以迄一七八九年美國聯邦政府成立，在此期間，歷次開會之紀錄，包括原提案以及各委員會之報告等，彼均保存完整，故湯姆遜先生實爲美國國家檔案館館長之始祖。

一百四十五年後，由於聯邦政府各部門檔案日益增多，一九三四年，始由故羅斯福總統簽署法案，設置國家檔案館，迄一九四九年，由於胡佛委員會改革政府組織之建議，成立總務署(General Service Administration)，國家檔案館遂改隸該署，以迄於今。

國家檔案館之主要職責有五：

一、保存聯邦政府檔案：此種檔案，均爲非現用而具有永久保存價值者。該館保管之檔卷，計達一百二十萬立方英尺，每一立方英尺，約合文卷二千五百面，此外尚有一百七十萬張地圖，四百八十萬張圖片，八萬二千捲錄影帶，七萬捲錄音帶。除行政部門外，聯邦政府之立法及司法部門檔案，亦由其保存。

二、展出歷史文件：該館對外展覽，館址位於白宮與國會山莊之間，面臨賓州大道及憲法大道，另二面爲第七街及第九街，在其圓頂大廳中，經常展出美國獨立宣言、憲法及人權法案，以及國會早期之重要文獻。

三、管理聯邦政府檔卷：對聯邦政府各部門檔卷，該館訂定有管理辦法，依照執行，俾政府機關檔卷之管理，臻於至善，不致爲日增之案卷所泛濫。

四、發行有關刊物：國家檔案館發行有：聯邦政府公報 (Federal Register)（每日發行）、聯邦法規彙編 (Code of Federal Regulations)、美國一般法規彙編 (United States Statutes at Large)、美國政府手册 (United States Government Manual)、總統文件彙編週刊 (Weekly Compilation of Presidential Documents)、總統公告之文件 (Public Papers of the President) 等。

五、管理各地總統圖書館：現已設立之總統圖書館計有六所，即：胡佛圖書館、羅斯福圖書館、杜魯門圖書館、艾森豪圖書館、甘廼迪圖書館及詹森圖書館。

國家檔案館設館長、副館長及執行長各一人，執行長掌理本館業務、負責技術及管理方面工作，館內分設六個一級單位：國家檔案處、政府公報處、聯邦文獻中心、總統圖書館處、文獻管理處及教育處。每一單位各由一助理館長主持，各處之下，再分設科、股，例如國家檔案處之下，即分設有十個科。

國家檔案館除本館及於華府近郊設有國家文獻中心（National Records Center）、於米蘇里州聖路易城設有國家人事紀錄中心（National Personnel Records Center）外，並於波士頓、紐約等十三處設有地區檔案及文獻中心（Regional Federal Archives and Records Center），分別管理各該地區與聯邦機構有關之檔卷。

二、瑞典國家檔案館

瑞典國家檔案館（Swedish National Archives）管理中央政府之檔卷，並經由其在各地區之分支機構，管理各該地區中央政府分支機構之檔卷。其主要之職責有二：一爲制訂檔卷管理之法規，並監督其執行。二爲研究科學化保管原始檔案之方法。

瑞典國家檔案館內部組織分爲二局一處如下：

第一局：掌理研究及保管工作。

第二局：掌理計劃及地區檔案工作，以及有關檔案之一般工作。

總務處：掌理本館之管理工作，接待研究人員，本館書籍之出版工作。

工作人員共有八十人，其中三十七人爲大學畢業生，四十三人爲其他人員。

全國檔案之管理共分七個地區如下：

區館	轄區縣名
Uppsala	Stockholm, Uppsala, Södermanland, Örebro, Västmanland, Kopparberg
Vadstena	Östergötland, Jönköping, Kronoberg, Kalmar
Visby	Gotland
Lund	Blekinge, Kristianstad, Malmöhus, Halland
Göteborg	Göteborg and Bohus, Älvsborg, Skaraborg, Värmland
Härnösand	Gävleborg, Västernorrland, Västerbotten, Norrbotten
Östersund	Jämtland

此外：在斯德哥爾摩（Stockholm）及馬爾摩（Malmö）兩城市另各設有一館，管理各該市有關檔案。

國家檔案館所保管之檔案共分爲八類，此外：尚有五萬幀地圖及圖照，七萬五千卷縮影。

國家檔案館備有各種編目及索引，備公衆借閱研究，週一至週五及週六上午均對外開放。

貳拾壹、民國以來公文沿革

民國成立以來，公文幾經改革，改革之方向，係由繁冗而趨於簡明，玆將歷年來各項改進，擇其主要者列述如下，以明其發展之軌跡。

一、類　別

公文大別可分爲：下行、平行、上行三種情形。民國成立，上級機關對下級機關行文分：委任令、訓令及指令三種（見民國元年十一月初六北京政府第一號公文書程式令），其後雖歷有改變，並一度將「令」改稱「飭」（見民國三年五月廿六日教令第七十五號官署公文程式令），但大致仍維持三種形式。委任令係上級對下級有所差委時用，訓令係有所指揮時用，指令則係因下級之呈請而有所指示時用。迄民國四十一年十一月二十一日總統公布修正公文程式條例，遂予簡化，合併爲「令」。

平行機關間相互行文，過去係用「咨」（見民國五年七月二十九日大總統申令），不相隸屬者則用「公函」。迄民國三十一年六月二十六日行政院第五〇九次會議修正通過之公文程式條例，遂將前者併入後者，並簡稱爲：「函」。但此項修正條例，似未公布實施（參見民國三十六年十月再版之上海法學編輯社出版、會文堂新記書局發行、余超原著：「實用公文作法」第二十頁），迄民國四十一年十一月公布之修正公文程式條例，亦規定將「公函」改爲「函」，除適用於不相隸屬之機關外，並適用於平行之機關，而將原來之「咨」改爲總統與立法院、監察院行文專用。上行文係用「呈」，其後一度改爲：「詳」（見民國三年五月二十六日教令第七十五號官署公文程式令），旋仍恢復爲：「呈」。

由於上述演變，至民國四十一年，公文遂隨下行、平行、上行三種情形而簡化爲：令、函、呈三種形式。

迄民國六十二年二月行政機關公文改革，是爲我國公文改革上之一大里程碑，乃更進一步，不分下行、平行或上行，均一律簡化爲：「函」。而將「呈」改爲對總統專用，「令」改爲公布法律及任免、獎懲等專用。

此外：六十二年公文改革創用一新的公文，稱爲：「書函」。用以代替過去的便函、備忘錄及下級機關首長對上級機關首長的簽呈。係於公務未決階段，需要磋商、陳述及徵詢意見、協調或通報時使用。若干機關以往遇此情形，有時使用一種公文，稱爲：「半公函」者，差近似之。

二、體　裁

早期公文係採敍述式之體裁，不分段，亦不加標點，其後改爲就文義酌量分段，並加註標點。但舊式公文，文字多不够簡潔，制式化的公文用語太多，空洞僵化，了無意義。特别是承轉的公文，經過一層層的轉行、套引，形式化的語句，甚至佔了全文的大部分，玆試舉民國三十五年間一實例如下：

□□部□□局訓令　字第　號　檔案丁字第八號

令本局直轄各機關

為奉令飭知蘇浙皖區清查團第二組建議關於處理敵偽產業事項五項轉飭知照由

案奉

○○部卅五年○○月○○日財字第○○○○號訓令開：「奉　行政院本年○○月○○日○○字第○○○○○號訓令開：『准接收處理敵偽物資工作清查團聯合辦事處○月○○○日函以：據蘇浙皖區清查團第二組建議關於處理敵偽產業事項五項，特提供採擇施行等由，除分行外，合行抄發原建議案令仰參照辦理，此令。』等因，附抄發原建議案一份，奉此，除分行外，合行令仰知照，並轉飭知照。」等因，附鈔發原建議案一份，奉此，合行鈔發原建議案，令仰知照。此令。

附一件

局長　○○○

中華民國三十五年　月　日

上例全文不過一百八十餘字，其中公文用語及承轉語句達一百五十字，其實全文均可視為贅文，祇要閱讀事由及附件便可明瞭全部內容。

其後公文體裁改為條列式，各條並冠以數字，如：一、二、三、……等，在公文改革上，邁開了一大步，玆就郵政方面改革前後之公文，試舉例如下：

(甲) 改革前式樣

交通部郵政總局訓令

○○字第○○○號

令本局直轄各機關

為倫敦德納羅公司所印深棕色三十元郵票及上海大東書局所印橘紅色七十元郵票應停止出售並退寄供應處令仰遵照辦理由

查各區所存三十元及七十元郵票數目現有若干，前經本局○○年○月○○日○○字第○○○號訓令飭令查報在案。該項三十元及七十元郵票，除前在後方各廠所印及加印改值者，應准繼續發售貼用外，所有倫敦德納羅公司深棕色之三十元郵票及上海大東書局所印橘紅色七十元郵票應即自奉令之日起停止出售，並將整箱、整包、整張者用最快方法退寄供應處，其不及一整張之零星數目，可俟各屬局退繳齊全後，由各區管理局局長或財務幫辦會同會計股股長就地監視銷燬，仍將寄退及銷燬數目暨銷燬證明書分別呈報備核。至上海大東書局所印深藍色三十元郵票仍可繼續售用，合行令仰遵照，並飭屬一體遵照辦理。此令。

局長　○○○

中華民國三十六年○月○○日

(乙) 改革後式樣

事由：倫敦德納羅公司所印深棕色三十元郵票及上海大東書局所印橘紅色七十元郵票應停止出售退寄供應處

(一)上述郵票應自奉令日起停售，整箱、整張、整包者，用最快方法退寄供應處，不足一整張者，俟各屬局退繳齊全，由管理局局長或會計股股長就地監視銷燬，仍將寄退及銷燬數目暨銷燬證明書分別呈報。

(二)其他三十元、七十元郵票准繼續出售貼用。

局長　〇〇〇

中華民國三十六年〇月〇〇日

迨民國六十二年二月行政機關公文改革，公文體裁，遂更進一步改爲三段式。卽採用：「主旨」、「說明」、「辦法」三段之形式及後二段採分項條列的寫法，使公文達到簡潔、明晰的境界。特別是過去所使用的空洞術語，陳腔濫調，均予廢棄不用，使公文面貌，煥然一新。由公文形式的改革，以促成公文實質的改進，提高行政機關辦事的效率。

三、格　式

公文格式，可分爲公文用紙及蓋用印信兩方面：

公文用紙格式，民國初年，係採用手摺式，摺面備書寫公文類別，如：呈、咨、公函等，底面備書寫發文年、月、日及加蓋印信之用，摺裏每半開五行，張開後雙面合計十行。其後改爲十行單頁，首頁印機關名稱、受文者、事由、發文字號、年月日等，並餘數行備書寫正文。迨六十二年行政機關公文改革，公文用紙及格式乃均有統一之規定。

過去公文均須蓋用印信（一般稱爲大印），迄六十一年一月二十五日修正公布之公文程式條例，始規定公文分爲蓋用機關印信及不蓋用機關印信兩種。同年，行政院復修訂公文用紙格式，規定於公文紙首頁右下方劃出用印地位，作蓋用印信之用，以免過去蓋在公文紙發文年、月、日及字號之上，致發生日期、字號爲紅色印泥掩蓋，不易辨認之情形。六十二年行政機關公文改革，依照新規定，大部分公文，均可免蓋印信，使發文工作，簡化不少。

附錄：

壹、文書製作案例解析

公文程式條例第八條規定：公文文字應：簡、淺、明、確。公文原係公務處理上的一項傳達的工具。它不像私人間的書信，可以紙短情長，綿綿不絕；或天南地北，隨興所之。而要：說理清晰、敍事簡要、指示明確。不論用字、行文，都要簡潔、確實、曉暢、得體才行。要達到這些目的，自需具有適當的素養。玆蒐集一些案例，列舉如下，藉供參考。

●例一：某局致某印刷廠函

原稿：

主旨：承交送添製之〇〇〇卡片共一萬個，業已收妥。玆檢送新臺幣〇〇元整之第〇〇〇號劃線支票一紙，結付本案工價，請　查收。

修正稿：

主旨：檢送新臺幣〇〇元整之第〇〇〇號支票一紙，結付添製〇〇〇卡片一萬個價款。

解析：

修正稿較簡約。

●例二：某局致某印刷廠函

原稿：

主旨：函送訂購二百磅雙面銅版卡紙一百五十令價款支票。

說明：

一、請參閱本局六十年十月七日第〇〇〇號函。

二、本局向貴公司訂購之二百磅雙面銅版卡紙一百五十令，印製〇〇卡，據報尚能合用。

三、茲檢附第〇〇號劃線支票一紙，計新臺幣〇〇〇元正，結付該項紙張價款，請　查收並見復。

修正稿：

主旨：函送訂購二百磅雙面銅版卡紙一百五十令價款新臺幣〇〇〇元整支票一紙，請　查收見復。

說明：參閱本局〇〇年〇月〇日第〇〇〇號函。

解析：

既已函奉價款，紙張自屬合用，似無再加說明之必要。且「尚能」二字，語氣亦不妥，因將本條刪除，並將全文予以簡化。

●例三：某總局復其所屬某局函

原稿：

主旨：所報第〇支局營業櫃枱，已逾核定壽年，為配合營業廳遷移，必須拆除，擬准報廢一節，准予備查。

說明：復貴局〇年〇月〇日第〇〇號函。

修正稿：

主旨：第〇支局營業櫃枱報廢，准予備查。

說明：復貴局〇年〇月〇日第〇〇號函。

解析：

引敘來文一節可省。

•例四：〇〇局通函

原稿：

主旨：為應員工本年中秋節生活上之需要，決定十月份薪津提前於九月二十五日發放，請 查照辦理。

說明：提前發放薪津之範圍，除正班員工外，其他各聘用人員、短期差工、駐衛警員待遇及按月應發之每月退休金、撫卹金等，均一律比照辦理。

修正稿：

主旨：為應員工中秋節需要，十月份薪津請提前於九月二十五日發放。

說明：發放對象，包括：正班員工、聘用人員、短期差工、駐衛警員及支領每月退休金、撫卹金人員。

解析：

贅語可省去。又「說明」中發放之範圍，指員工或指待遇，宜先後一致。

•例五：○○總局復其屬局函

原稿：

主旨：貴局實施單一俸待遇後，除留用之大交通車計六輛外，貴局裁減而留用之備車三輛，本局及○○局裁減大交通車移送貴局暫作備車各一輛，均屬裁減之車輛，未便列年度預算報請汰舊換新。

說明：復貴局○年○月○日第○○號函。

修正稿：

主旨：實施單一俸後裁減之車輛不能汰換。

說明：

一、復貴局○年○月○日第○○號函。

二、貴局實施單一俸待遇後，除留用之大交通車六輛外，另經裁減而留用之備車三輛，本局及○○局裁減大交通車移送貴局暫作備車各一輛，均屬裁減之車輛，未便編列年度預算，報請汰舊換新。

解析：

「主旨」雖與過去之「事由」稍有不同，但總以簡明爲主，不宜太長，以利主管核閱及收發登記，原稿因修改如上。

•例六：○○總局致其所屬○○區管理局函

背景述略：

○○總局輯印有法規彙編兩種，一爲「業務法規彙編」，一爲「管理法規彙編」。前者所輯各法規遇有修訂時，係將修訂稿隨時隨附修訂單函送其所屬〇〇區管理局照規定格式印發該區各局知曉，同時備抽換彙編之用，並送總局秘書室若干份，備轉發總局各單位之用。後者遇有修訂時，除將修訂之法規隨時發布外，「管理法規彙編」中輯印之該一法規，則係按季與該編中其他修訂之法規彙總由總局秘書室交商印製，修訂後之新頁，送總局各單位，並送〇〇管理局轉發各局備抽換彙編中舊頁之用。但事實上此項修訂之法規於發布時〇〇管理局已卽時以通函轉發其所轄區內各局知照，故〇〇管理局於轉發時須將修訂辦法排印一次，總局秘書室於按季彙印時又須排印一次，且兩者排印之紙張，格式大體均屬相同，僅邊沿上所印之編號等不同而已，故實際上係屬重複。爲節省人力、物力，且可使「管理法規彙編」能隨時抽換舊頁，保持常新，故擬將印發辦法，予以改變如後稿。

原稿：

主旨：貴局通函轉發法規時，請多印二百五十份逕送本局秘書室。

說明：

一、請參閱本局〇年〇月〇日第〇〇號函。

二、「管理法規彙編」原定爲每季修訂一次，茲爲使彙編內所輯法規經常保持正確完整起見，改爲於法規修訂公布或新法規制定公布時，上述彙編法規同時修訂或增列。

三、本局公布之法規，絕大多數均經貴局通函轉發貴屬各局，上述通函附件（卽法規）之排印用紙與「管理法規彙編」排印方式，用紙規格相同，爲節省重複排印校對之勞費，今後本局修訂法規，需將上述彙編內法規抽出更換，或制定法規，應予列入上述彙編內者，請貴局于印發通函附件時，多印二百五十份（關於印製技術方面，於通函附件印妥之後，將第某號函之附件鉛字抽去，增排法規編號等各節，已由本局秘書室第一科與貴局總務科洽妥），逕送本局秘書室，作爲本局各單位抽換「管理法規彙編」之用。至於貴局及所屬抽換彙編所需數量，則由貴局按照實際需要另行增印轉發。

四、上述需要多印之法規，本局將隨時函告，並比照「業務法規彙編」例，附發修訂單。

修正稿：

主旨：改訂「管理法規彙編」新頁印發辦法。

說明：

一、參閱本局○年○月○日第○○號函。

二、茲爲使「管理法規彙編」內所輯法規經常保持正確完整，以利隨時查閱，並節省排印費用，改爲於相關法規修訂或制定公布時，同時將上述彙編抽換新頁。

三、嗣後上述法規修訂或制定時，本局將比照「業務法規彙編」例，將修訂單附發貴局，請於通函貴屬各局時，照所需份數，就該通函附件（即修訂或制定之法規）添印若干份，隨同增發各局，以備抽換（添印時可將右上角「○通第○○○○號函之附件」等字樣删去，另於頁邊增排法規編號），並以二百五十份逕送本局秘書室供本局各單位抽換之用。

解析：

修正稿較原稿爲簡明。

•例七：新聞稿

緣由：

每年耶誕及新年時節，公衆交寄耶誕卡或新年卡，其上如加寫祝賀語句，郵局規定不能超逾五字，此一規定，公衆多有煩言，郵政方面因於某年耶誕節前，發布新聞稿，對此加以解釋，俾公衆諒解。

按新聞稿雖不在本書所述公文之列，但亦可供參考，爰亦予蒐集列後。

原稿：

國際耶誕賀年卡

只能附加五個字

今年耶誕節及新年日漸屆近，郵局收寄國際耶誕賀年卡郵件，數量日見增多。郵局表示：公衆交寄國際耶誕賀年卡，依照萬國郵政公約規定，只能附加五個字以內之語句。由於現今若干國家郵政收寄此類郵件，多按信函類收取郵資，其加寫文字多寡，自可不予限制。惟我國郵政因係作印刷品收寄，郵資較廉，故須依照公約規定，限制字數。如寄件人自願將耶誕賀年卡作信函納費交寄，則附加字數，自亦不予限制。

修正稿：

國際耶誕賀年卡

作印刷品交寄只能附加五個字

耶誕節及新年日漸接近，郵局收寄國際耶誕賀年卡郵件，數量日見增多。郵局表示：公衆交寄國際耶誕賀年卡，如作印刷品交寄，依照萬國郵政公約規定，只能附加五個字以內之禮節慣用語句。由於我國郵政係將賀卡作印刷品收寄，郵資較廉，故須依照公約規定，限制字數。但現今若干國家郵政（如美國）收寄此類郵件，多按信函收寄，郵資較高，其加寫文字多寡，因此可不受限制。國內公衆對此種差異，未盡明瞭，故對郵局限制字數，多有誤解。如寄件人自願將耶誕賀年卡作信函交寄，則附加字數，郵局自亦不予限制。

解析：

耶誕賀年卡，作印刷品寄，郵資較廉，但祇能附加五字。作信函寄，郵資較貴，但不受字數之限制，此點修正稿說明似較原稿爲清晰。

●例八：○○總局致其所屬○○區管理局函

原稿：

主旨：關于窗口人員服務態度如何能獲實際改善問題，希注意研辦，期收實效。」

說明：

一、○○○先生函訴，以○○○局窗口人員態度惡劣，又○○局窗口人員，一問三不言。此外，亦有公衆間常來函指摘窗口人員服務態度欠佳情事。

二、窗口人員服務態度之良窳，直接關涉本事業聲譽，亟宜研擬改進辦法，付諸實施，期收效果。

修正稿：

主旨：窗口人員服務態度如何能獲實際改善，請注意研辦，期收實效。

說明：

一、○○○先生函訴以：○○○局窗口人員態度惡劣，○○局窗口人員，一問三不答。此外：過去亦有公衆來函指摘窗口人員服務態度欠佳。

二、窗口人員服務態度之良窳，直接關係事業聲譽，如何能獲實際改善，希注意切實檢討，並由各局相關主管隨時勸導督促，確切執行。至現行訓練及獎懲等方面，如有需予補充配合之處，並希就實際情形，研擬改進意見報核。

解析：

原稿說明第二項似嫌過于空泛，語氣亦不够肯定。修正稿有比較具體之指示，對問題之解決，較有助益。使下級機關，有所遵循。

●例九：○○總局致其所屬○○局函

原稿：

主旨：檢送推展業務座談會紀錄一份，請　查照辦理。

修正稿：

主旨：檢送本局○年○月○日推展業務座談會紀錄一份，其中決議事項有關貴局部分（已分別註明），請查照辦理。

解析：

業務座談會已集會多次，此次究爲何次，宜予說明，以期明確。又紀錄中所記甚多，何者須對方辦理，亦宜說明，以免籠統不清。

●例十：○○總局致其屬局函

原稿：

主旨：檢附中信局購料處○年○月○日第○○○號函影印本乙份，請參辦。

修正稿：

主旨：向中信局委購案，凡需獨立公證案件，須於委託書上加註公證等級。

說明：檢附中信局購料處○年○月○日第○○○號函影印本乙份，請參辦。

解析：

原稿太過簡略，除非詳閱附件影印本，否則無從知悉本案究爲何案。管檔人員，亦將無法據以歸類。修正稿使人一目瞭然，且亦符合「確」字之要求。

•例十一：○○總局致某先生函

緣由：

○○○先生捐贈○局興建局屋土地，依例於該事業紀念日致贈褒獎狀，並函請其來臺北參加致贈典禮。

原稿：

○○先生台鑒：據○○局報稱：第○支局建屋基地，承
先生鼎力支援，捐贈土地，協助興建，毋任感佩。案經本局列舉事實，報奉○○部核准，依照本局褒獎辦法，頒贈中華○○褒獎狀，並定於本年○月○○日○○紀念日上午九時，在臺北舉行頒贈典禮，隨奉受獎須知一份，敬請
察照，屆時　駕臨爲荷。專此，敬頌
時綏

○○○啓　　○年○月○日

附一件

受獎須知

㈠依照本局褒獎辦法第九條之規定，褒獎狀受領人爲領受褒獎所需之往返旅費及必要之膳宿費，由本局負擔。」

㈢受獎人請儘可能于三月十九日到達臺北，往返交通工具當代安排。
㈣到達臺北時，請通知〇〇局公共關係室，以便接待。
㈤在臺北之住宿地點，已由本局定妥。
㈥三月二十日上午九時，在〇〇路〇〇號〇〇局禮堂舉行頒獎典禮。
㈦附回信一件，請于收到本函後，儘速答復。

〇月〇〇日

貴局舉行之中華〇〇褒獎狀頒獎典禮，本人準備因事不能出席。

此致

〇〇總局

〇〇〇啓　年　月　日

修正稿：

〇〇先生台鑒：據〇〇局報稱：第〇支局建屋基地，承先生惠予捐贈，協助興建，毋任感紉。本局經列舉事實，報奉〇〇部核准，依照本局褒獎辦法，贈奉中華〇〇褒獎狀，並定於本年〇月〇〇日〇〇紀念日上午九時，在臺北舉行致贈典禮，隨附受獎說明一份，敬請屆時駕臨，爲荷。專此，並頌

時綏

〇〇〇拜啓　年　月　日

附一件

受獎說明

㈠褒獎狀受獎人爲接受褒獎所需之往返旅費及膳宿費，由本局提供。
㈡受獎人請儘可能于○月○○日到達臺北，往返交通工具當代安排。
㈢到達臺北時，請通知○○局公共關係室（電話：○○○○○○○），以便接待。
㈣在臺北之住宿地點，已由本局定妥。
㈤○月○○日上午九時，在○○路○○號○○局禮堂舉行致贈典禮。
㈥附回信一件，請於收到本函後，儘速寄復。

○月○○日

貴局舉行之中華○○褒獎狀致贈典禮，本人準時出席。（因事不能出席。）

此致

○○總局

○○○啓　年　月　日

解析：

地方人士捐贈○局建屋土地，來臺北受獎，是爲此一事業之貴賓，去函自應儘可能親切而有禮。原稿想已經歷年使用多次，故大體尚可，但仍有若干小地方不脫公文老套，雖係一二字之微，亦以修正較爲適宜。

• 例十二：○總局上○○部簽

緣由：

○總局所屬○○區管理局副局長○○○病後體弱，難任繁劇，○總局乃簽請准予將其調往○○○○局，簽稿如下：

原稿：

主旨：○○區管理局副局長○○○因病擬另調他職，遺缺擬調本局○○處處長○○○接充，敬請　鑒核。

說明：

一、請參閱本局○年○月○日第○○號函。

二、○○區管理局副局長○○○因患○○○病經住院治療後雖已痊癒，但醫囑尚不能擔任過份繁重工作，擬予調充○○○○局○○處處長。

三、查○○區管理局副局長一職，襄助局長綜理全區業務，工作異常繁重，擬調本局○○處處長○○○接充，○員過去曾任本局○○處副處長○年有餘，學識豐富，諳熟規章，爲適當之人選。

擬辦：擬請准派○○○爲○○區管理局副局長。

修正稿：

主旨：○○區管理局副局長○○○因病擬另調他職，遺缺擬調本局○○處處長○○○接充，敬請　鑒核。

說明：

一、請參閱本局○年○月○日第○○○號函。

二、○○區管理局副局長○○○因患○○○病經住院治療後，現已痊癒，惟醫囑尚不宜擔任過份繁重工作。

三、○員所任○○區管理局副局長一職，係襄助局長綜理全區業務，不僅工作繁重，必要時且須赴外地各局，實地查察，對病後復健，甚不相宜，爲利公務及該員健康，擬予調任〇〇〇〇局內部工作，充任〇〇處處長。

四、所遺副局長一職，擬調本局〇〇處處長〇〇〇接充，〇員過去並曾任本局〇〇〇處處長〇年，學識豐富，諳熟業務規章，爲適當之人選。

解析：

原稿易使人發生一項懷疑，即某員雖已痊癒，但既不能擔任副局長之職，何以又能擔任處長之職？甚至因此更進而對事業之組織及工作之分配發生疑問，故須將何以不能擔任管理局副局長而可以擔任〇〇〇〇局處長之情形有適當之說明，如此全文始見明晰而有力。

•例十三：〇〇局秘書室、總務處上局長、副局長會簽

背景泚略：

〇〇局公文處理隨行政機關公文改革而改革後，原訂之「〇〇局公文處理辦法」其內容已多與實際作業不符，勢需配合修訂，該局秘書室因與總務處會簽如下：

原稿：

主旨：關于修訂「〇〇局公文處理辦法」事項，簽請核示。

說明：

一、公文程式第二條及第三條修正條文業經立法院第五十二會期第七次會議通過，並奉　總統六十二年十一月三日令公布。

二、爲配合行政院規定，自本年七月一日起，各級行政機關實施公文製作改革，本局前已根據院頒「行政機關公文

處理手冊」所訂，將公文處理與蓋印簽署部分應行配合及補充事項，附同前項手冊，一併轉知直轄各機關照辦。

三、六十年一月第五版「○○局公文處理辦法」內容須配合公文程式條例及行政機關公文處理手冊通盤加以修訂，以應實際處理需要。

擬辦：

一、前項「○○局公文處理辦法」修訂工作，其中有關公文處理部分（指發文、公文稽催及檔案管理等）擬請總務處負責辦理。公文製作部分（指公文結構及作法、公文用語及稿件撰擬等）由秘書室承辦。

二、本案由何單位主辦，敬祈　指定。

修正稿：

主旨：關於修訂「○○局公文處理辦法」事項簽請核示。

說明：

一、關於公文處理改革，本局前已遵行政院規定轉知各局依照實施，玆公文程式條例第二條及第三條亦奉部函層奉
總統令公布修正。

二、查「○○局公文處理辦法」內容與目前公文處理方式已有不符，亟待修訂補充，以應需要。

三、按本局內部分工，公文製作屬秘書室職掌，公文處理密件部分屬秘書室，普通件部分屬總務處。上述「○○局公文處理辦法」之修訂，擬即照此分工原則辦理，惟應由何單位主辦，敬祈　指定，以便進行。

解析：

修正稿較原稿說理明晰而扼要，文字亦較簡潔。

●例十四：○○區管理局復○○○議員函

緣由：

桃園○○村公衆申請設立一○○業務站，由其承辦，○局以該處附近已設有○○業務站，兩者間之距離未達設置標準，無再設之必要，未允所請。該公衆乃請某一民意代表來函說項，並指陳該處已有之□□業務站，何以可以設置，爰經答復如下函。

原稿：

（本案發生在民國六十一年，尚在行政機關公文改革之前。原稿係用當時之「函」答復，採條列式。）

一、右函暨所附　貴友○○先生函敬悉，關於其申請於桃園○○村設立○○業務站一案，本局自始均表重視，除經令飭桃園○局研辦及指派本局視察實地查勘，因距離未達設置標準，未予照辦。並向○○先生婉釋，獲致相當諒解外，玆將本案辦理經過，表達如下：

㈠本局爲統一作業標準，對于設置業務站已分別訂有設置標準，○○先生請設○○業務站之地點，距桃園□□業務站僅一路之隔，約一百公尺弱（附簡圖一份），未能符合設置標準，且○○村民衆就近利用□□業務站。尚稱便利，歉難同意再行新設○○業務站。

㈡○○先生函中提示：「△△村門前距○○商店不足二百公尺，尚有業務站之設立」一節，經查△△村前之業務站係於五十五年九月開設，當時本局設立業務站，尚未規定距離之標準，玆於五十六年十二月奉○○總局訂頒「設立業務站暫定最低標準」後，本局已令飭桃園○局對于未符設立標準之代售處，應視當地用郵情形相機撤銷中，△△村前之業務站距離未符新頒標準，當係過渡時期之現象，自不能作爲新設立業務站之依據。

二、敬復　察照並請向○○先生婉釋，爲荷。

修正稿：

（按行政機關公文改革前之「函」係以機關名義行文。但本案某民意代表來函係以私人名義致○○區管理局局長○○○者，故本復稿經改爲「箋函」，即用局長個人名義答復某民意代表，並用一般書信體裁，以示禮貌與親切。）

○○議員勛鑒：上月○日

大函暨所附　○○先生函敬悉。關於渠申請於桃園○○村設立業務站一節，本局至表歡迎，並極重視。曾先後令知桃園○○局，復指派本局視察實地查勘。因該處已設有□□業務站，距○○先生請設之地點，僅一路之隔，相距不及一百公尺，附近居民利用，尚稱便利。不僅無增設之需要，且以與現有業務站距離過近，不合設置標準，深感難以辦理，經已函復○○先生並派員面釋。至其函中所述○○村等處之業務站，係早年設置，自上述之設置標準奉頒後，自應照標準辦理，至祈　諒督。以上各點，敬請

惠予轉達，爲荷，耑復，並頌

勛綏

○○○　拜啓

解析：

原稿改用「箋函」答復，較爲得體，又修正稿較原稿爲簡明。

•例十五：

背景述略：

各機關各種規章，原均依照中央法規標準法之規定，依其性質，分別稱爲規則、細則、辦法、標準等等。後以奉層令整理法規，上述各名稱，僅限於外規（卽與人民權利義務或機關組織權責有關之規章）始可使用，內規（卽內部工作或業務處理有關之規章）應使用其他名稱，以示區別，因予規定如後稿。

原稿：

○○○ [illegible]

主旨：本屬各級機構訂定各種內規可以採用之名稱舉例，請查照參辦。

說明：

一、依照○年○月○日「法規工作會報」商定事項所列：各機關之內規，不涉及人民權利義務者，請勿用中央法規標準法所定之命令名稱（卽規程、規則、細則、辦法、綱要、標準或準則）一節，茲經本局○年○月○日第○○號令轉知。

二、本事業各種法規除與人民權利義務或機關組織權責有關且須對外公布之法規（目錄已隨右令抄發）外，其餘各種業務處理辦法以及各種內部管理規章皆係內規，原須改訂其他名稱，惟因本局法規彙編中各種業務處理辦法訂頒已久，數量繁多，若干業務之處理辦法亦正陸續訂頒中，爲免更張之煩，均仍沿用原名稱，至其他各種內部管理規章有用規則或辦法等名稱者，亦可暫不更改，俟遇相關內規修正時，再行改訂其他適當名稱，以免徒事更張，浪費人力物力，目前爲資辨別，則於管理法規彙編目錄中分別註明內規字樣，以資區別。

三、近以部分單位訂定內規所用之名稱頗多尚可斟酌者，爲供參考，茲特例舉數種內規名稱如下：㈠章程、㈡簡則、㈢要點、㈣須知、㈤注意事項、㈥補充規畫，請依各該擬訂規章之性質予以適當採用。至手冊或彙編則係彙輯各種規章之總稱，尚不宜採用爲某一規章之名稱。

修正稿：

主旨：訂定本事業各項規章使用之名稱。

說明：

一、參閱本局〇年〇月〇日第〇〇〇（通〇〇號）函。

二、茲規定各種規章使用之名稱如下：

㈠與人民權利義務或機關組織權責有關，須對外公布，俾公衆知曉者，用中央法規標準法所定名稱，即：規程、規則、細則、辦法、綱要、標準或準則（現有之此類法規目錄已隨右令抄發）。

㈡其餘有關各項業務內部處理手續（如現行之存款、放款、滙兌等業務處理辦法）及各種內部行政管理規章，可依其內容使用下列名稱：章程、簡則、要點、須知、注意事項、補充規定或其他適當之名稱。

㈢手冊或彙編係指將各項有關之規章或資料予以蒐集，彙印成冊，以便查閱之專冊，希勿用作規章之名稱，以免紊淆。

三、每一法規印發時應於其名稱下註明其公布、發布或頒發之令文（函）節目，以便查考。其中部分條文有修訂時，亦應將修訂之文件節目註明。

四、本事業現行各項規章，其使用之名稱與上述規定不合者，將俟修訂時陸續予以更正。

解析：

修正稿較爲明晰扼要，且語氣確定。

● 例十六：

背景述略：

○○局以業務發展，公文數量增加，原設秘書一人無法應付，請改設秘書室，設主任及股長各一人，並將原屬副局長直轄之業務專員改隸擬設之秘書室。案經報由其上級管理局轉報該事業總管理處，承辦單位以本案事屬改變組織、增加單位，性質重要，乃簽報核示，原簽如下：

原稿：

主旨：○○局請准增設秘書室，報請　核示。

說明：

一、據○○○管理局函報，○○局因業務發展，內部單位衆多，處理公文數量增加，現設秘書一人擔任公文複閱、核稿以及管考等工作，負荷過重，請准成立秘書室，設置主任及事務股股長各一人，並將現有業務專員撥歸管理。

二、秘書室工作主要爲法制、機要、編擬工作報告及處理首長交辦事項。就一般通例，管理機構，多設有此一單位，一般業務機構，因其處理公務，多爲單純業務之執行，秘書性質工作，亦較爲單純。如臺銀總行設有秘書單位，各地分行則無。惟一般業務（營業）機構，可否專置秘書單位，尚乏定論。

三、就性質相近之○○事業目前組織觀之，其管理局設有秘書室，置主任一人，另置有秘書。其所轄□□局亦僅設有秘書職位，尚未成立專設單位。

四、秘書室係屬幕僚單位，○○局擬將負有業務推動工作之業務專員移撥管轄，工作性質不同，管理有無不便，是否相宜，似值考慮。

請示：○○局請設秘書室置主任及事務股股長各一人可否照准，請　核示。」

修正稿：

主旨：〇〇局請增設秘書室，簽請　核示。

說明：

一、據〇〇管理局函報，〇〇局因業務發展，內部單位衆多，處理公文數量增加，現設秘書一人擔任公文複閱、核稿以及管考等工作，負荷過重，請成立秘書室，設主任及事務股股長各一人，並將現有業務專員撥歸管理。

二、依一般情形，秘書單位多設於事業之管理機構，業務機構較少設置。例如性質與本事業相近之〇〇事業，其所屬〇〇局亦僅設有秘書，未設秘書室。

三、政府現正倡行精簡機構組織，〇〇局現有一級單位計已達十二個，如再增設行政單位，是否適宜，似亦值得考慮。

四、業務專員司業務之推展，〇〇局擬將其移撥擬設之秘書室，就工作性質言，似亦不甚相宜。

五、惟既據報該局秘書工作負荷過重，是否可由〇〇管理局視實際需要，酌准增加助理一人，抑准如所請，設置秘書室之處，敬祈　鑒核。

解析：

爲期清楚明晰，因將原稿酌改如修正稿，並提出解決本案之兩個方案，供上級參酌採擇。

貳、民國以來政府歷次公布之公文程式

一、中華民國元年元月三十日南京臨時政府公布之「內務部咨行各部及通令所屬公文程式」

內務部咨行各部及通令所屬公文程式

爲咨行事案奉

大總統令開現今臨時政府業已成立所有行用公文亟應規定程式以期劃一而利推行玆據法制院呈擬公文程式五條詳加察閱尙屬可行合就令行貴總長希卽分別令京內外一體遵照辦理並發公文程式等因奉此相應備文咨行京內各部及通令所屬以後行用公文其程式均應一體遵照辦理此咨

公文程式

第一條　凡自大總統以下各公署職員及人民一切行用公文俱照以下程式辦理

第二條　行用公文分爲左五種

甲　上級公署職員行用於下級公署職員曰令公署職員行用於人民者曰令或諭

乙　同級公署職員互相行用者曰咨

丙　下級公署職員行用於上級公署職員及人民行用於公署職員者曰呈

丁　公署職員公告一般人民者曰示但經參議院議決之法規應由大總統宣布者曰公布

戊　任用職員及授賞徽章之證書曰狀

第三條　凡公文皆須蓋印簽名並署年月日但人民行用於公署職員之呈文得免其蓋印

第四條　各公署行用於外國之公文仍照向例辦理

第五條　凡大總統及各部所發之公文有通行性質者皆須登於公報各公文除特定有施行期限者外京城以登載臨時政府公報之第五日爲施行期其餘各處以公報到達公署之第五日爲施行期

二、民國元年十一月初六日北京政府公布之敎令第一號公文書程式令

臨時大總統令

茲制定公文書程式令公布之此令

大總統蓋印

中華民國元年十一月初六日

趙秉鈞
梁如浩
周學熙
段祺瑞
劉冠雄
許世英

范源廉
陳振先
劉揆一
朱啓鈐

教令第一號

公文書程式令

第一條　法律以大總統令公布之
前項大總統令須記明經參議院之議決由大總統蓋印國務總理記入年月日副署之或與其他國務員或主管國務員副署之

第二條　教令以大總統令公布之
前項大總統令由大總統蓋印國務總理記入年月日副署之或與其他國務員或主管國務員副署之

第三條　國際條約之發布者以大總統令公布之
前項大總統令須記明經參議院之同意及批准之年月日由大總統署名蓋印國務總理記入年月日與主管國務員副署之

第四條　豫算以大總統令公布之
前項大總統令須記明經參議院之議決由大總統蓋印國務總理記入年月日與主管國務員副署之

第五條　特任官簡任官薦任官之任免以大總統令公布之
前項大總統令由大總統蓋印國務總理記入年月日副署之或與主管國務員副署之

第六條　院令由國務總理記入年月日署名蓋印

第七條　部令由各部總長記入年月日署名蓋印

第八條　事實之宣示及就特定事項對於一般人民命其行爲或不行爲之文書以布告公布之

大總統布告由大總統蓋印國務總理記入年月日副署之或與主管國務員副署之

行政各官署之布告由該官署長官記入年月日署名蓋印

第九條　第一條至第八條之公文書須於政府公布之

第十條　特任官簡任官之任命狀由大總統署名蓋印國務總理記入年月日副署之或與主管國務員副署之薦任官之任命狀由大總統蓋印國務總理或主管國務員記入年月日副署之委任官之任命狀由各該官署長官記入年月日署名蓋印

第十一條　大總統對於官吏及上級官對於下級官有所差委以委任令行之有所指揮以訓令行之其因呈請而有所指揮者以指令行之

第八條第二項及第三項之規定得於委任令訓令指令準用之

第十二條　行政各官署對於特定人民就特定事項令其行爲或不行爲者以處分令行之

第十三條　參議院與大總統或國務員之往返文書以咨行之

第十四條　行政各官署無隸屬關係者之往復文書以公函行之

第十五條　左列各款文書以呈行之

一人民對於大總統及行政各官署之陳請

二官署或官吏對於大總統之陳請或報告

三下級官署對於上級官署或官吏對於長官之陳請或報告

第十六條　行政各官署對於人民之呈分別准駁之文書以批行之

第十七條　第十一條至第十六條之文書得於政府公報公布之

第十八條　本令所揭各項令狀各依年月日先後編號每一年更易一次自第一號起至何號止於政府公報公布之

第十九條　公文書程式依附表所定

第二十條　本令自公布日施行

三、民國三年五月二十六日北京政府公布之教令第七十三號大總統公文程式令、教令第七十四號大總統政事堂公文程式令及教令第七十五號官署公文程式令

大總統令

茲制定大總統公文程式令公布之此令

大總統印

中華民國三年五月二十六日

國務卿徐世昌

教令第七十三號

大總統公文程式令

第一條　大總統命令分爲左列各種

一　策令

二　申令

三　告令

四　批令

第二條　左列事項以　大總統策令行之

一　任免文武職官

二　頒給爵位勳章並其他榮典

第三條　左列事項以　大總統申令行之

一　公布法律

二　公布教令

三　公布條約

四　公布預算

五　對於各官署及文武職官之指揮訓示

六　其他　大總統依其職權執行之事件

第四條　大總統對於人民之宣示以告令行之

第五條　大總統裁答各官署之陳請以批令行之

第六條　大總統與立法院往復公文以咨行之

第七條　策令申令告令批令蓋用　大總統印由國務卿副署

第八條　咨蓋用　大總統印

第九條　大總統之公文須於政府公報公布之

第十條　本令第一條第六條公文之格式依附表所定

第十一條　本令自公布日施行

大總統令

茲制定大總統府政事堂公文程式令公布之此令

大總統印

中華民國三年五月二十六日

國務卿徐世昌

教令第七十四號

大總統府政事堂公文程式令

第一條　政事堂公文程式依本令之規定

第二條　國務卿面奉　大總統諭與各部院行文時以封寄或交片行之

第三條　國務卿面奉　大總統諭與各地方最高級官署行文時以封寄行之

第四條　各部院各地方最高級官署與政事堂行文時以咨行之

前項咨呈之答覆由國務卿以咨行之

第五條　國務卿對於各部院各地方最高級官署遇有商議事件時以公函行之

第六條　第二條第三條及第四條第一項之公文依附表所定格式署名蓋印

第四條第二項及第五條之公文依附表所定格式蓋印

第七條　本令自公布日施行

大總統令

茲制定官署公文程式令公布之此令

大總統印

中華民國三年五月二十六日

國務卿徐世昌

教令第七十五號

官署公文程式令

第一條　各官署公文分為左列各種

一　呈

二　詳

三　飭

四　咨
五　咨陳
六　示
七　批
八　稟
第二條　官署或職官對於　大總統之陳請報告以呈行之
前項之陳請報告事關機密者以密呈行之
第三條　下級官署或職官對於上級官署或長官之陳請報告以詳行之
下級官署或職官對於上級官署或長官地位相等之官署或職官有須陳請報告以詳行之
前二項之陳請報告事關機密者以密詳行之
第四條　上級官署或職官對於下級官署或職官之指揮監督委任以飭行之
上級官署或職官對於下級官署或職官地位相等之官署或職官有須指揮監督委任以飭行之
第五條　各部院對於各地方最高級官署之行文及其他官署地位相等者之往復文書以咨行之
第六條　各地方最高級官署對於各部院之陳請報告以咨陳行之
第七條　官署對於人民之宣示以示行之
第八條　上級官署或職官對於下級官署或職官及官署對於人民陳請之准駁以批行之
第九條　人民對於官署之陳請以稟行之
第十條　第一條第一款至第五款之公文依附表所定格式署名蓋印

第一條第六條第七條之公文依附表所定格式蓋印

第一條第八款之公文依附表所定格式署名畫押

第十一條　官署各項公文各依發布日期分類編號每屆年終更易一次

第十二條　本令自公布日施行

四、民國五年七月二十九日北京政府公布之教令第二十八號公文程式

大總統申令

茲制定公文程式公布之此令

大總統印

中華民國五年七月二十九日

國務總理段祺瑞
陸軍總長段祺瑞
外交總長陳錦濤
財政總長陳錦濤
內務總長許世英
交通總長許世英
海軍總長程璧光

司法總長
農商總長張國淦
教育總長

教令第二十八號

公文程式

第一條　凡處理公事之文件名曰公文

第二條　公文名類如左

一　大總統令　大總統指揮全國時用之

甲　公布法律

乙　公布教令

丙　公布應宣布之國際條約

丁　公布豫算

戊　公布特任簡任薦任各官之任免

以上除概由大總統蓋印國務總理或會同主管或全體國務員副署外其公布法律者須聲明國會同意及批准之年月日併由大總統署名

二　國務院令　國務院有所指揮時用之

三　各部院令　各部院有所指揮時用之

四　任命狀　任命官吏時用之

甲　特任簡任各官任命狀由大總統署名蓋印國務總理或會同主管國務員副署

乙　薦任官任命狀由大總統蓋印國務總理或會同主管國務員副署
丙　委任官任命狀由各該官署長官署名蓋印
五　委任命　大總統對於官吏又上官對於屬官有所差委時用之
六　訓令　大總統對於官吏又上官對於屬官有所諭誥時用之
七　指令　凡以上對下因呈請而有所指示時用之
八　布告　宣示事實時用之
以上五六七八各款凡屬於大總統蓋印國務總理或會同主管國務員副署屬於各官署者由該官署長官署名蓋印
九　咨　國會與大總統或國務員又國務院或各特任官署與各部院又平行各官署公文往復時用之大總統咨國會文須由大總統蓋印國務總理副署
十　咨呈　各特任官署行文國務院時用之但國務院與之行文仍用咨
十一　呈　人民對於大總統或各官署又官署或官吏對於大總統又下級官署對於上級官署有所陳報時用之
十二　公函　不相隸屬之各官署公文往復時用之
十三　批　各官署對於人民陳請事項分別准駁時用之

第三條　公文必須記明年月日凡大總統文件國務總理副署者由總理記之各官署文件由各該長官記之屬於箇人者由本人記之

第四條　所有文件除任命狀外其第二條一二三八各款均應公布於政府公報其餘願登載者聽

第五條　各類文件應分編號數每年自第一號起至若干號止公布於政府公報

第六條　本令自公布日施行

五、民國十四年八月七日廣州國民政府公布之公文程式令

公文程式令

民國十四年八月七日公布

第一條　凡處理公事之公文書概依本令之規定

第二條　公文書之程式如左

（一）令　公佈法令任免官吏及有所指揮時用之

（二）佈告　有所宣佈時用之

（三）批　於人民或所屬官吏陳請事項有所裁答時用之

以上屬於國民政府者由國民政府常務委員主席及主管部部長署名蓋用國民政府之印其不屬於各部者由常務委員多數署名蓋用國民政府之印至各官署由各官署長官署名蓋用各官署之印

（四）任命狀　任命官吏時用之

（甲）特任官吏任命狀由國民政府常務委員多數署名蓋用中華民國國民政府之印

（乙）簡任薦任各官任命狀由政府常務委員主席及主管部長署名蓋用中華民國國民政府之印

（丙）委任官任命狀由該官署長官署名蓋印

（五）呈　下級官署對於直轄上級官署或人民對於官署有所陳述時用之（附表一）

（六）咨　同級官署公文往復時用之（附表二）

（七）公函　不相隸屬之官署公文往復時用之

第三條　公文書必記明年月日及長官姓名

第四條　凡政府發表之公文書皆應於政府公報公布之
第五條　政府及各官署發表之公文書應分類分年編訂號數
第六條　本令自公布日施行

六、民國十六年八月十三日國民政府公布之修正公文程式

國民政府令

茲修正公文程式公布之此令
中華民國十六年八月十三日

中華民國國民政府印

修正公文程式

第一條　凡處理公事之公文書概依本程式之規定
第二條　公文書類別如左
一　令公布法令任免官吏及有所指揮時用之
二　通告宣布事件時用之
三　訓令凡長官對於所屬官吏有所諭飭或差委時用之
四　指令凡長官對於所屬官吏因呈請而有所指示時用之

以上屬於國民政府或省政府者由政府常務委員多數署名蓋用國民政府或省政府之印

屬於各官署者由各官署長官署名蓋用各官署之印

五　任命狀任命官吏時用之

甲　特任官及簡任官任命狀由國民政府常務委員主席及常務委員多數署名蓋用國民政府之印

乙　薦任官任命狀由國民政府常務委員主席署名主管長官副署蓋用國民政府之印

丙　委任官任命狀由各該官署長官署名蓋印

六　呈下級官署對於直轄上級官署或人民對於官署有所陳述時用之（參看附表一）

七　咨同級官署公文往復時用之（參看附表二及三）

八　咨呈非直轄而等級較低之官署對於高級官署用之（參看附表三）

九　公函不相隸屬各官署公文往復時用之（參看附表四）

十　批答各官署對於人民陳情事項分別准駁時用之

第三條　公文書必記明年月日及長官姓名

第四條　凡政府發下之公文書除密件外皆應於政府公報公布之

第五條　政府及各官署發表之公文書應分類分年編訂號數

第六條　本程式公布日施行

七、民國十七年十一月十五日國民政府公布之公文程式條例

公文程式條例

民國十六年八月國府公布、十七年十一月十五日修正公布

第一條　凡稱公文者謂處理公務之文書其程式依本條例之規定

第二條　公文之類別如左

一　令　公佈法令任免官吏及有所指揮時用之

二　訓令　上級機關對於所屬下級機關有所諭飭或差委時用之

三　指令　上級機關對於所屬下級機關因呈請而有所指示時用之

四　佈告　對於公衆宣布事實或有所勸誡時用之

以上屬於國民政府經國務會議議決者由主席及五院院長署名蓋用國民政府之印其例行之訓令指令由主席署名蓋用國民政府之印屬於其他機關者由各該機關之長官或主席或常務委員署名蓋用各該機關之印

五　任命狀　任命官吏時用之

甲　特任官及簡任官任命狀由國民政府主席及五院院長署名蓋用國民政府之印

乙　薦任官任命狀由國民政府主席及主管院院長署名蓋用國民政府之印

丙　委任官任命狀由各該機關長官署名蓋用各該機關之印

六　呈　五院對於國民政府或各院所組織之機關對於各該院及其他下級機關對於直轄上級機關或人民對於公署有所陳請時用之

七　咨　同級機關公文往復時用之

八　公函　不相隷屬之機關公文往復時用之

九　批　各機關對於人民陳請事項分別准駁時用之

第三條　五院對於各省政府及其所屬機關之公文以令行之

第四條　公文應記明年月日並由負責者署名蓋章

第五條　政府發佈之公文除密件外應於國民政府公報公布之

第六條　本條例自公布日施行

八、民國四十一年十一月二十一日總統令修正公布之公文程式條例

公文程式條例

民國四十一年十一月二十一日總統令修正公布

第一條　稱公文者。謂處理公務之文書。其程式除法律別有規定者外。依本條例之規定。

第二條　公文程式之類別如左。

一　令　公布法令、任免官吏及上級機關對於所屬下級機關有所訓飭或指示時用之。

二　咨　總統與立法院、監察院公文往復時用之。

三　函　同級機關或不相隸屬之機關有所洽辦、通報或答復時用之。

四　公告　對於公衆宣布事實或有所勸誡時用之。

五　通知　機關對於人民有所通知或答復時用之。

六　呈　下級機關對於上級機關有所呈請或報告時用之。

七　申請書　人民對於機關有所聲請或陳述時用之。

前項各款之公文除第四款外。必要時得以電報或代電行之。

第三條　機關公文應蓋用機關印信。並由機關首長署名蓋章（官章或私章）或蓋簽字章。其依法應副署者。由副署

人副署之。
機關印信因損毀、遺失或一時不能使用而公文急待送發時。得暫借蓋其他機關印信。
第四條　機關首長出缺由代理人代理首長職務時。其機關公文應由代理人署名。
機關首長因故不能視事由代行人代行首長職務時。其機關公文除署首長姓名註明不能視事事由外。應由代行人附署職銜、姓名於後。並加註代行二字。
第五條　人民申請書應署名蓋章。並註明性別、年齡、職業及住址。
第六條　公文應記明國曆年月日。機關公文並應記發文字號。
第七條　公文得分段敍述。冠以數字。除會計報表、各種圖表或附件譯文，得採由左而右之橫行格式外。應用由右而左直行格式。
第八條　公文除應分行者外，並得以副本抄送有關機關或人民。收受副本者，應視副本之內容爲適當之處理。
第九條　公文文字應簡淺明確。並應加具標點符號。
第十條　本條例自公布日施行。

九、民國六十一年一月二十五日總統令修正公布之公文程式條例

公文程式條例

民國六十一年一月廿五日總統令修正公布

第一條　稱公文者，謂處理公務之文書；其程式，除法律別有規定外，依本條例之規定辦理。
第二條　公文程式之類別如左：
一　令　公布法令、任免官員及上級機關對於所屬下級機關有所交辦或指示時用之。

二　呈　下級機關對於上級機關有所呈請或報告時用之。
三　咨　總統與立法院、監察院公文往復時用之。
四　函　同級機關或不相隸屬之機關有所洽辦，或人民與機關間之申請與答覆時用之。
五　公告　對於公衆宣布事實或有所勸誡時用之。
六　其他公文。
前項各款之公文，除第五款外，必要時，得以電報或代電行之。

第三條　機關公文，視其性質，分別依照左列各款，蓋用印信或簽署：
一　蓋用機關印信，並由機關首長署名、蓋職章或蓋簽字章。
二　不蓋用機關印信，僅由機關首長署名、蓋職章或蓋簽字章。
三　僅蓋用機關印信。
機關公文依法應副署者，由副署人副署之。
機關內部單位處理公務，基於授權對外行文時，由該單位主管署名、蓋職章，其效力與蓋用該機關印信之公文同。
機關公文蓋用印信或簽署及授權辦法，除總統府及五院自行訂定外，由各機關依其實際業務自行擬訂，呈經上級機關核定之。

第四條　機關首長出缺由代理人代理首長職務時，其機關公文應由首長署名者，由代理人署名。
機關首長因故不能視事，由代理人代行首長職務時，其機關公文，除署首長姓名註明不能視事事由外，應由代行人附署職銜、姓名於後，並加註代行二字。

機關內部單位基於授權行文，得比照前二項之規定辦理。

第五條　人民之申請函，應署名、蓋章，並註明性別、年齡、職業及住址。

第六條　公文應記明國曆年、月、日。

機關公文，應記明發文字號。

第七條　公文得分段敘述，冠以數字，除會計報表、各種圖表或附件譯文，得採由左而右之橫行格式外，應用由右而左直行格式。

第八條　公文文字應簡淺明確，並加具標點符號。

第九條　公文，除應分行者外，並得以副本抄送有關機關或人民；收受副本者，應視副本之內容為適當之處理。

第十條　公文之附屬文件為附件，附件在二種以上時，應冠以數字。

第十一條　公文在二頁以上時，應於騎縫處加蓋章戳。

第十二條　應保守秘密之公文，其制作、傳遞、保管，均應以密件處理之。

第十三條　機關致送人民之公文，得準用民事訴訟法有關送達之規定。

第十四條　本條例自公布日施行。

十、民國六十二年十一月三日總統令修正公布之公文程式條例

公文程式條例

民國六十二年十一月三日總統令修正公布

第一條　稱公文者，謂處理公務之文書，其程式，除法律別有規定外，依本條例之規定辦理。

第二條　公文程式之類別如左：

一、令　公布法律，任免、獎懲官員，總統、軍事機關、部隊發布命令時用之。

二、呈　對總統有所呈請或報告時用之。

三、咨　總統與立法院、監察院公文往復時用之。

四、函　各機關間公文往復，或人民與機關間之申請與答復時用之。

五、公告　對公衆有所宣布時用之。

六、其他公文。

前項各款之公文，除第五款外，必要時得以電報或代電行之。

第三條　機關公文，視其性質，分別依照左列各款，蓋用印信或簽署：

一、蓋用機關印信，並由機關首長署名、蓋職章或蓋簽字章。

二、不蓋用機關印信，僅由機關首長署名、蓋職章或蓋簽字章。

三、僅蓋用機關印信。

機關公文依法應副署者，由副署人副署之。

機關內部單位處理公務，基於授權對外行文時，由該單位主管署名、蓋職章，其效力與蓋用該機關印信之公文同。

機關公文蓋用印信或簽署及授權辦法，除總統府及五院自行訂定外，由各機關依其實際業務自行擬訂，函請上級機關核定之。

第四條　機關首長出缺由代理人代理首長職務時，其機關公文應由首長署名者，由代理人署名。

機關首長因故不能視事，由代理人代行首長職務時，其機關公文，除署首長姓名註明不能視事事由外，應由代行人附署職銜、姓名於後、並加註代行二字。

機關內部單位基於授權行文，得比照前二項之規定辦理。

第五條　人民之申請函，應署名、蓋章，並註明性別、年齡、職業及住址。

第六條　公文應記明國曆年、月、日。

機關公文，應記明發文字號。

第七條　公文得分段敍述，冠以數字，除會計報表各種圖表或附件譯文，得採由左而右之橫行格式外，應用由右而左直行格式。

第八條　公文文字應簡、淺、明、確，並加具標點符號。

第九條　公文，除應分行者外，並得以副本抄送有關機關或人民，收受副本者，應視副本之內容爲適當之處理。

第十條　公文之附屬文件爲附件，附件在二種以上時，應冠以數字。

第十一條　公文在二頁以上時，應於騎縫處加蓋章戳。

第十二條　應保守秘密之公文，其製作、傳遞、保管，均應以密件處理之。

第十三條　機關致送人民之公文，得準用民事訴訟法有關送達之規定。

第十四條　本條例自公布日施行。

三民叢書(二)

書名	著作人
中國外交史	劉彥著
人事行政學	張金鑑著
企業管理學	解宏賓著
現行考銓法規彙編	陳鑑波著
清末留學教育	瞿立鶴著
教育即奉獻	劉真著
行政法一百題	范壽臧著
執行人員的管理技術	王龍輿譯
兵役理論與實務	顧傳型著
現行考銓制度	陳鑑波著
人口論	馬爾薩斯著
會計學四百題	李兆萱著
會計學四百題選答	陳建昭編
會計學概要習題	李兆萱著
成本會計習題	盛禮約著
中級會計學題解	洪國賜著
成本會計題解	洪國賜著
成本會計一百題	童綷著
近代經濟學說	溫格爾著
現代經濟學	湯俊湘譯
經濟學二百題	洪吉雄著
經濟思想史	史考特著
運銷合作	湯俊湘著
會計制度設計之方法	趙仁達著
銀行會計實務	趙仁達著
銀行會計	文大熙著
公司理財	文大熙著
財務報表分析題解	盧聯生・洪國賜著
商業銀行之經營及實務	文大熙著
信用狀統一慣例	台北市銀行公會譯註
商業簿記	盛禮約著
商業銀行之經營及實務	文大熙著
銀行健全融資的基本原則	黃森榮譯
貨幣銀行學二百題	賀廣玉著
統計製圖學	宋汝濬著
審計學	立信叢書
統計學一百題	柯阿銀譯